ROBERT WOOD

AF874095

LES RUINES DE PALMYRE

AUTREMENT DITE

TEDMOR AU DÉSERT

Elibron Classics
www.elibron.com

Elibron Classics series.

ISBN 0-543-87324-2 (paperback)
ISBN 0-543-87323-4 (hardcover)

This Elibron Classics Replica Edition is an unabridged facsimile of the edition published in 1819 by A. Constantin; Firmin Didot, Paris.

LES RUINES
DE PALMYRE.

DE L'IMPRIMERIE DE FIRMIN DIDOT.

LES RUINES
DE PALMYRE,

AUTREMENT DITE

TEDMOR AU DÉSERT.

A PARIS,

CHEZ A. CONSTANTIN, Éditeur, Rue S.-Lazare, N° 52;
FIRMIN DIDOT, Rue Jacob, N° 24;
BANCE, Marchand d'Estampes, Rue S.-Denis, N° 214.

1819.

PRÉFACE.

Le vrai faisant le principal mérite des ouvrages du genre de celui-ci, il n'est pas inutile de rendre compte au public de la manière dont on l'a entrepris et exécuté, afin qu'il puisse juger du cas qu'il en doit faire.

Deux personnes, que la curiosité avait portées plus d'une fois à voyager, sur-tout en Italie, se persuadèrent qu'un voyage, fait comme il faut, dans les lieux les plus remarquables de l'antiquité, sur la côte de la Méditerranée, pourrait être de quelque avantage au public, en même temps qu'il leur procurerait du plaisir et des connaissances.

Comme j'avais déja vu la plupart des endroits qu'ils se proposaient de visiter, ils me firent l'honneur de me communiquer leur dessein, et j'acceptai avec beaucoup de plaisir l'invitation qu'ils me firent d'être d'une partie si agréable.

L'idée avantageuse que je m'étais formée de ces messieurs, que j'avais rencontrés plusieurs fois en France et en Italie, me flattait de tout le succès qu'on pouvait espérer d'un tel voyage. Leur intime amitié, l'amour qu'ils avaient pour les antiquités et pour les beaux-arts, l'habitude où ils étaient de voyager, étaient des circonstances essentielles à notre projet: circonstances qui se rencontrent rarement dans deux personnes, qui joignent au goût et au loisir, pour de pareilles recherches, les moyens nécessaires pour les faire, et qui ont assez de santé et de courage pour en supporter la fatigue.

Nous convînmes que nous ne pourrions point nous passer d'un quatrième, qui était en Italie, et dont nous connaissions l'habileté en qualité d'architecte et de leveur de plans. Nous lui écrivîmes en conséquence, et l'arrêtâmes pour être de notre voyage. Les plans qu'il a levés ont convaincu tous ceux qui les ont vus, que nous ne pouvions employer personne plus propre à notre entreprise.

Nous choisîmes Rome pour le lieu de notre rendez-vous; d'où, après y avoir passé l'hiver, nous devions nous rendre à Naples, pour nous y embarquer au printemps sur un vaisseau que nous avions loué à Londres, et équipé de tout ce que nous crûmes devoir nous être nécessaire. Tout cela se passa sans nous écarter du plan que nous nous étions fait d'abord, excepté dans quelques occasions particulières, où des incidents, qu'il était impossible de prévoir, nous obligèrent d'y faire quelques changements.

Nous passâmes l'hiver ensemble à Rome : nous employâmes la plus grande partie de ce temps à nous rafraîchir la mémoire de l'histoire ancienne, et de la géographie des pays que nous nous proposions de voir.

Nous nous rendîmes au printemps à Naples, et nous y trouvâmes notre vaisseau. Il avait apporté de Londres une bibliothèque qui consistait principalement en historiens et poëtes grecs, en livres d'antiquités, et en relations de voyages, les meilleures qu'il y ait. Il y avait aussi à bord les instruments de mathématiques dont nous pouvions avoir besoin, et des présents convenables pour les Turcs de distinction et autres, à qui nous serions obligés de nous adresser dans le cours de notre voyage.

Nous visitâmes la plupart des îles de l'Archipel, une partie de la Grèce en Europe, les côtes européennes et asiatiques de l'Hellespont, de la Propontide et du Bosphore, jusqu'à la mer Noire : nous pénétrâmes dans l'Asie-mineure, dans la Syrie, dans la Phénicie, la Palestine et l'Égypte, et nous en vîmes les endroits les plus remarquables.

On sait bien que les différents pays que nous parcourûmes abondent en choses curieuses de différents genres, capables de mériter l'attention des étrangers : cependant c'est moins l'état présent de ces pays que l'ancien, que nous nous sommes appliqués à examiner, quoique chacun de nous ait aussi pu satisfaire, à l'autre égard, son inclination pour quelque objet particulier.

Il est impossible de considérer avec indifférence ces pays où les belles-lettres et les arts ont pris naissance; où des capitaines, des orateurs, des philosophes, des poëtes et des artistes ont si courageusement et si heureusement donné l'essor à leur génie, et fait l'honneur de l'humanité.

Des circonstances de climat et de situation, triviales d'ailleurs, deviennent intéressantes par la liaison qu'elles ont avec les grands hommes qui les ont rendues célèbres, et avec les actions illustres que l'histoire et la poésie rapportent y avoir été faites. On ne saurait jamais lire la vie de Miltiade ou de Léonidas avec tant de plaisir que dans les plaines de Marathon, ou au détroit des Thermopyles : on trouve de nouvelles beautés dans l'Iliade, sur les bords du Scamandre; et c'est dans les pays où a voyagé Ulysse et où Homère a chanté, que l'Odyssée a des charmes.

A la vérité il n'y a que le voyageur qui puisse sentir le plaisir particulier que cause ce théâtre d'actions héroïques à une imagination échauffée par les lieux mêmes, et il n'est point de description qui en puisse donner d'idée. Néanmoins, comme les cartes des contrées dont il est parlé dans les auteurs classiques, non-seulement nous font toujours goûter davantage le poëte ou l'historien, mais encore nous en facilitent quelquefois l'intelligence; quand nous avons cru que l'aspect du pays était le meilleur commentaire qu'on pût avoir d'un ancien auteur, nous en avons fait tirer le plan. Nous nous sommes amusés sur-tout à faire des cartes de géographie pour les auteurs poétiques, et nous avons passé quinze jours, avec beaucoup de plaisir, à faire une carte de la plaine du Scamandre, tenant Homère à la main.

Nous avons copié les inscriptions qui se sont rencontrées sur notre route: nous avons même emporté les marbres, toutes les fois que nous l'avons pu faire; ce qui était très-difficile, et quelquefois impossible à cause de l'avarice et de la superstition des habitants.

Nous n'avons pu trouver des manuscrits à acheter que chez les Maronites de Syrie; et quoique leurs manuscrits grecs ne fussent guère intéressants, ni par rapport aux sujets, ni par rapport au langage, cela ne nous a pourtant pas rebuté d'en acheter plusieurs en Syriaque et en Arabe, aimant mieux emporter en

Europe quantité de mauvais ouvrages, que de courir risque de rien laisser de curieux dans des langues que nous n'entendions point.

L'architecture a attiré notre attention principale, et les recherches que nous en avons faites ont répondu surabondamment à notre attente. Nul des amateurs de cet art n'ignore de quelle utilité ont été les mesures que M. Desgodetz a données des anciens édifices de Rome. Nous nous sommes imaginé que ce serait pareillement rendre service que de travailler sur le même plan, dans les pays où l'architecture a commencé à s'élever, ou du moins où on l'a portée au plus haut degré de perfection auquel elle aît encore pu atteindre.

C'est sur-tout dans cette vue que nous avons visité la plupart des lieux de l'Asie-mineure, où nous pouvions espérer de trouver quelques restes d'édifices d'un siècle fortuné; et nous avons rarement eu sujet de regretter notre peine, particulièrement en Lydie, en Ionie, et en Carie, où nous avons trouvé peu de ruines si complètes qu'elles ne conservassent pas des fragments très-précieux. Nous avions eu soin de nous pourvoir d'instruments pour creuser la terre, et nous avons quelquefois employé les paysans à ce travail pendant plusieurs jours avec succès.

Les exemples des trois ordres grecs d'architecture,

que nous avons trouvés, pourraient tenir lieu d'une histoire passable de l'origine et des progrès de cet art, du moins des changements qu'il a soufferts depuis le siècle de Périclès (1) jusqu'à celui de Dioclétien. Nous avons cru qu'il convenait de commencer par Palmyre, comme la partie que le public semble desirer avec plus d'empressement. Du succès de cette partie de notre ouvrage dépendra le sort du reste.

Tel a été notre plan, et telle la manière dont nous l'avons exécuté, malgré des difficultés décourageantes, inséparables d'une pareille entreprise; et quoique, quand nous nous y engageâmes, nous prévissions bien toute la fatigue et la dépense qu'elle devait nous coûter,

(1) Il faudrait y ajouter les anciens édifices de l'Attique, qui n'entrent point dans notre recueil pour la raison que voici. A notre arrivée à Athènes, nous trouvâmes M. Steward et M. Revet, deux peintres anglais, occupés avec succès à prendre les mesures de toute l'architecture qu'il y a dans cette ville, et à tirer les plans de tous les bas-reliefs, pour les publier, suivant un projet qu'ils nous avaient communiqué à Rome. Nous fûmes ravis de voir que des personnes aussi capables allaient conserver à la postérité quelques-uns des plus beaux ouvrages des anciens; et par conséquent nous nous contentâmes à Athènes de satisfaire notre curiosité particulière, laissant à M. Steward et à M. Revet le soin de satisfaire celle du public. Nous souhaitons qu'ils trouvent tout l'encouragement que mérite une entreprise si utile.

comme aussi les dangers que nous en courions; cependant elle aurait à la fin répondu à notre attente à tous égards, si notre bonheur n'eût été traversé par le malheur le plus affligeant qui pût arriver à notre petite société, je veux dire par la mort de M. Bouverie. Je suis persuadé qu'il n'y a personne de ceux qui ont eu le plaisir de le connaître, qui ne nous plaigne dans la situation où nous nous trouvâmes alors.

Outre ses vertus, dont nous regrettons la perte avec tous ses amis, M. Bouverie avait des qualités particulièrement propres à la fonction qu'il exerçait dans notre voyage. Presque tout ce qui concerne les curiosités de la nature et de l'art faisait l'objet de ses occupations privées; et il avait acquis tant de connaissances en ce genre, dans les différents voyages qu'il avait faits à Rome, que son opinion en ce point avait du poids avec les connaisseurs. En effet ses collections de dessins, de médailles, de camaïeux et de pierres précieuses gravées, qu'il aurait considérablement augmentées s'il eût vécu, sont des preuves qu'il avait le goût raffiné.

On peut aisément juger combien cette perte nous abattit le courage. S'il ne fût pas mort avant de voir Palmyre, nous aurions sans doute eu moins besoin de l'indulgence du public, pour les petites inexactitudes qu'on pourra trouver dans cet ouvrage.

Un accident si fatal nous aurait entièrement déconcertés, sans l'activité extraordinaire et la résolution de l'ami qui nous restait : en effet si quelque chose pouvait nous faire oublier que M. Bouverie était mort, c'était que M. Dawkins vivait.

Si cet échantillon de notre travail peut en quelque sorte satisfaire la curiosité du public, et tirer de l'oubli la magnificence de Palmyre, on en a entièrement l'obligation à M. Dawkins, qui s'est donné toutes les peines possibles pour que tout fût fait avec exactitude, et qui a pris lui-même presque toutes les mesures qu'on trouvera dans cet ouvrage.

En rendant justice à son zèle et à ses soins, je désavoue en même temps tout mérite quelconque que le public, peu instruit, aurait pu m'attribuer à ce sujet. Mais ce qui me fait honneur, et qui flatte trop ma vanité pour pouvoir le taire, c'est que, si je suis devenu l'éditeur de cet ouvrage, j'en suis redevable à l'amitié de M. Dawkins, qui, satisfait du plaisir qu'il goûte de contribuer à l'avancement des arts, m'a abandonné entièrement tout le profit qui en pourra revenir.

Si j'ose, sans sa permission, publier cette preuve éclatante de l'amitié qu'il a pour moi, j'espère qu'il excusera la liberté que je prends : en considération de quoi, je passerai sous silence les autres faveurs sans nombre que j'en ai reçues. Joindre le nom de M. Dawkins au mien, tandis que tout l'avantage m'en reste, tient peut-être un peu de l'impertinence; mais c'est la reconnaissance qui l'occasionne; et la reconnaissance, de même que l'amour, ne s'exprime jamais de si mauvaise grace que quand elle est sincère.

Robert WOOD.

RECHERCHES

SUR L'ÉTAT ANCIEN

DE PALMYRE.

Ce que nous avons à dire de Palmyre se réduit simplement à l'état où nous trouvâmes les ruines de cette ville dans l'année 1751. Il n'est pas probable que la curiosité du lecteur en demeure là. Les restes présents de cette ville sont certainement trop intéressants pour ne le pas porter à rechercher ce qu'elle a été. *Quand et par qui a-t-elle été fondée? D'où vient qu'elle se trouve située si singulièrement, séparée du reste du genre humain par un désert inhabitable? Et quelle a dû être la source des richesses nécessaires pour soutenir sa magnificence?* Voilà des sujets qui engagent très-naturellement notre attention: aussi allons-nous tâcher de satisfaire en quelque sorte cette curiosité.

Il paraît très-remarquable que l'histoire fait si peu mention de Balbeck et de Palmyre, deux villes qui sont peut-être ce qui nous reste de plus surprenant de la magnificence des anciens, qu'à l'exception de ce que les inscriptions en marquent, tout ce qu'on en peut savoir forme à peine une conjecture vraisemblable.

Ce silence de l'histoire n'est-il pas même instructif? Et ne nous apprend-il pas qu'il y a dans l'antiquité des périodes qui nous sont tout-à-fait cachés?

Tel est le sort ordinaire et naturel des villes, que la mémoire s'en conserve plus long-temps que les ruines. Ce n'est que par l'histoire que nous connaissons Troie, Babylone, Memphis; il ne reste pas aujourd'hui de ces villes une pierre qui marque où elles étaient situées; mais voici deux exemples de villes considérables qui ont subsisté plus long-temps que tout ce qu'on en a su; c'est plutôt ce que nous en voyons que ce que nous en lisons qui excite notre curiosité à leur sujet; et les restes de Balbeck et de Palmyre subsistent encore pour conter, pour ainsi dire, eux-mêmes leur histoire.

Serait-ce la perte des livres qui en est cause, ou les anciens ne faisaient-ils pas autant de cas de ces édifices que nous en faisons? Si on pouvait se le persuader, cela justifierait, ce me semble, l'admiration que nous avons pour leur architecture. Leur silence au sujet de Balbeck confirme ce qu'on rapporte de Babylone; et les édifices de Palmyre, dont on n'a presque point parlé, deviennent les garants de ceux de la Grèce et de l'Égypte qu'on a tant vantés.

Toutes les autorités que j'ai pu ramasser des anciens touchant Palmyre se réduisent à bien peu de choses; mais comme ce sont des ouvertures, que ceux qui ont plus de loisir peuvent rectifier, et sur lesquelles ils peuvent s'étendre, s'ils croient que le sujet en vaille la peine, je m'en vais non-seulement exposer les matériaux que j'ai trouvés, mais même donner l'ordre historique dans lequel je les ai cherchés, en repassant succinctement les révolutions les plus remarquables de la Syrie, depuis les temps les plus reculés que nous en avons connaissance; cela pourra du moins servir à des recherches plus exactes et plus étendues.

A ce que l'histoire nous apprend sur cette matière, j'ajouterai les éclaircissements qu'on peut tirer du goût de l'architecture et des inscriptions.

Le traducteur arabe du livre des Chroniques (1) prétend que Palmyre est plus ancienne que Salomon; Jean d'Antioche, surnommé Malala (2), dit que ce roi bâtit cette ville à l'endroit où David tua Goliah, et en mémoire de cette action; et Abul Faraï (3) fait même mention de l'année, et d'autres particularités semblables. Histoire fabuleuse.

Mais tout ce que les historiens arabes content de l'origine et de la fondation de Palmyre, paraît si évidemment fabuleux et extravagant, que nous ne nous y arrêterons point, et que nous passerons à l'autorité historique la plus ancienne, qui mérite d'être citée.

L'ancien testament (4) nous apprend que Salomon Salomon bâtit Palmyre.

(1) 2 Chron. 8.

(2) Dynastiar. lib. 5.

(3) Vers. pococ.

(4) 1 Rois, 9, et 2 Chron. 8.

bâtit Tedmor au désert; et Josèphe (1) nous assure que c'est la même ville que les Grecs et les Romains appelèrent par la suite Palmyre, quoique les Syriens conservassent toujours le premier nom. Ajoutons à cela l'autorité de St. Jérôme, qui (s'il est l'auteur de la version latine qu'on lui attribue) croit que Tedmor et Palmyre ne sont que les noms syrien et grec de la même ville.

Ce qui semble fortifier cette opinion, c'est qu'à-présent les Arabes du pays l'appellent Tedmor (2), et nous suivons leur prononciation, comme étant la meilleure autorité pour la manière dont nous écrivons ce nom. *Ammian Marcellin* (3) remarque l'attachement des natifs de Syrie aux anciens noms de leurs villes, qu'ils ne laissèrent pas de garder, nonobstant les noms grecs que Séleucus Nicator leur donna, quand il les rebâtit; et il y a encore aujourd'hui dans le pays plusieurs exemples de l'ancien nom d'une ville conservé par les Arabes, tandis que le nom grec, pour n'avoir pas eu lieu depuis long-temps, est oublié et entièrement ignoré.

---

(1) Antiq. Jud. lib. 8. Les objections du père Hardouin contre cette opinion semblent venir principalement de son ignorance de l'état présent de cette ville.

(2) Des différentes manières anciennes d'écrire ce nom, le θεδμορ de la copie d'Alexandrie approche le plus de la prononciation des Arabes d'aujourd'hui. Nous écrivons le nom grec Palmyre d'après les inscriptions, quoique Josèphe l'écrive Παλμιρω, et Pline *Palmira*.

(3) Lib. 14.

Ainsi l'Acco (1) de l'ancien testament, dans la tribu d'Ascer, que les Grecs appelèrent Ptolémaïde, s'appelle aujourd'hui Acca par ceux qui l'habitent, le nom original n'étant altéré que d'une lettre; et Haran, où demeurait Abraham avant son départ pour la terre promise, fut par la suite appelée par les Romains Carrhæ; mais elle a recouvré son premier nom, et elle le possède encore aujourd'hui.

Il paraît naturel à des peuples de garder de l'affection pour les noms qu'avaient leurs villes dans leur état de liberté et de prospérité, et c'est dans tous les pays qu'on remarque de la répugnance à recevoir les innovations qu'un conquérant veut y imposer; mais elle n'est nulle part si remarquable que parmi les Arabes, qui, malgré les entreprises si souvent formées contre eux, se glorifient d'avoir conservé leur indépendance plus long-temps qu'aucune autre nation, et se vantent d'une antiquité plus pure.

Mais que ces ruines que nous visitâmes aient été l'ouvrage de Salomon, c'est ce que nous n'avançons que comme l'opinion établie des habitants présents de Palmyre, qui, ne faisant nul doute que cela ne soit vrai, rapportent plusieurs anecdotes curieuses, et montrent le serrail de ce roi, son haram (2), le tombeau d'une de ses concubines favorites, et plusieurs autres choses

(1) Juges 1, 31.

(2) Voyez Moréri.

particulières. « Salomon (1), fils de David, disent-ils, a « opéré ces merveilles avec l'assistance des esprits (2). »

Nous supposerons donc qu'il y a long-temps que tous les édifices, que Salomon a pu élever en ce lieu, ne sont plus, quand même nous ne serions pas appuyé de l'autorité de Jean d'Antioche, qui assure que Nabuchodonosor détruisit cette ville avant d'assiéger Jérusalem.

Nabuchodonosor la détruisit.

On ne saurait raisonnablement se persuader que des édifices dans le goût de ceux de Palmyre soient antérieurs au temps que les Grecs s'établirent en Syrie ; aussi n'est-il pas surprenant qu'il ne soit pas parlé de cette ville dans les relations des conquêtes que les *Babyloniens* et les *Perses* firent de ce pays, ni que Xénophon n'en fasse aucune mention dans sa retraite des dix mille, quoiqu'il fasse une description très-exacte du désert, et que, dans sa marche vers Babylone, il ait dû laisser cette ville un peu seulement sur sa droite.

Il n'en est point parlé dans l'expédition de Cyrus-le-Jeune.

C'est pour cette raison que l'histoire de l'expédition d'Alexandre-le-Grand ne saurait en dire autre chose, sinon qu'il aurait pu tirer de grands avantages de la situation de cette ville, quand il traversa ce désert en allant à Thapsacus sur l'Euphrate, où il passa ce fleuve, aussi bien que Darius et Cyrus-le-Jeune.

Ni dans celle d'Alexandre-le-Grand.

(1) Solyman Ebn Doud.

(2) Ils croyaient aussi fermement que c'était avec la même assistance que nous cherchions des trésors. Cette drôle d'opinion règne dans tous les pays où il y a de vieilles ruines : en Italie elle n'est pas renfermée simplement parmi le bas peuple.

Le période le plus propre pour faire des recherches au sujet de Palmyre semble être depuis la mort d'Alexandre jusqu'au temps où la Syrie fut réduite en province romaine. Séleucus Nicator fit bâtir un grand nombre de villes : et quoiqu'il ne reste pas aujourd'hui grande chose des ruines d'Antioche sur l'Oronte, ni de celles de Séleucie à l'embouchure de cette rivière, cependant ce qu'on voit de ces ruines est marqué au coin de la bonne architecture grecque de cet heureux siècle. Il n'était guère possible qu'on négligeât une ville située aussi commodément que Palmyre, entre les deux villes susdites et Séleucie sur le Tigre, entre l'Euphrate et les grandes villes marchandes qu'il y avait sur la côte de la Méditerranée; car, comme elle servait de frontière du côté des Parthes, il faut qu'elle ait été d'une grande importance depuis qu'Arsace, fondateur de cet empire, fit prisonnier Séleucus Callinicus. Cela pourrait autoriser à croire que les édifices de Palmyre étaient l'ouvrage de quelques-uns des Séleucides, si cette opinion était d'ailleurs appuyée par leur histoire; mais bien loin de l'être, on n'y trouve pas même le nom de cette ville.

Ni dans l'histoire du règne de Séleucus Nicator, qui fit bâtir et réparer tant de villes en Syrie.

L'importance de cette ville en qualité de place frontière a dû être considérable, même du temps de Séleucus Callinicus.

Cependant l'histoire des Séleucides n'en fait pas mention.

A la vérité l'ère de Séleucus était en usage à Palmyre, comme on verra par les inscriptions ; mais tout ce qu'on peut en conclure, c'est que cette ville fut soumise à Alexandre, et gouvernée du moins pendant quelque temps par ses successeurs; encore cette opinion serait-elle peu vraisemblable, si l'on n'en avait pas d'autres preuves ; car pourquoi ne pourrait-on pas supposer qu'une ville si commerçante eût pu, quoiqu'indépendante des Séleucides, introduire chez elle, pour sa commodité, la même manière de compter le temps qui était établie chez ses voisins?

Il n'en est pas fait mention quand Pompée fit la conquête de ce pays-là.

Examinons à présent l'histoire romaine, et voyons ce qu'elle rapporte de la Syrie. Ce fut Pompée qui fit la conquête de cette province, dans le temps que les beaux-arts florissaient déja à Rome, et qu'ils y avaient fait autant de progrès que les armes des Romains en avaient fait en Grèce et en Asie. Alors non-seulement les richesses de ces provinces, mais même leur architecture, leur peinture et leur sculpture, étaient recherchées avec empressement par les gouverneurs romains. On s'imaginerait que Palmyre n'aurait pas échappé à leur avidité et à leur avarice; cependant nous ne voyons pas que leur histoire fasse mention de cette ville, avant le temps de Marc-Antoine (1), qui en voulut faire le pillage; mais dont les habitants se garantirent, en transportant ce qu'ils avaient de plus précieux au-delà de l'Euphrate, dont ils défendirent le passage avec leurs archers.

Ce n'est que du temps de Marc-Antoine qu'il en est parlé pour la première fois dans l'histoire romaine.

Le prétexte dont il se servit pour donner à sa conduite une apparence de justice, fut qu'ils ne gardaient pas une exacte neutralité entre les Romains et les Parthes: mais Appian (2) dit que ce fut en effet pour enrichir ses troupes du pillage des Palmyréniens, qui

(1) *Appian de bello civil. lib.* 5.

(2) *Ibid.*

étaient négocians, et qui vendaient aux Romains les marchandises de l'Inde et de l'Arabie.

On peut conclure de ceci que les Palmyréniens étaient dans ce temps-là un peuple riche, commerçant et libre; mais depuis quand possédaient-ils ces avantages? C'est ce qu'on nous laisse à deviner.

C'était alors un peuple riche, commerçant et libre.

Il est probable que leurs richesses, et par conséquent leur commerce, n'étaient rien de récent; car il paraît par les inscriptions qu'en moins de quarante ans après, leurs dépenses et leur luxe étaient si excessifs, qu'il fallait absolument un fonds de richesses considérable pour y suffire.

C'est aussi à nous à former nos conjectures sur le temps auquel ils commencèrent à être libres.

Le docteur Halley (1) est d'opinion que, « quand les « Romains s'établirent dans ces quartiers-là, et que les « Parthes les empêchèrent ce semble d'étendre plus avant « leurs conquêtes en Orient, la ville de Palmyre se vit « alors caressée, et son amitié recherchée par les puis- « sances qui étaient en différend, à cause de sa situa- « tion, comme place frontière et au milieu d'un vaste « désert sablonneux, où des armées n'auraient pu sub- « sister pour la réduire par force, et qu'ils lui permirent « de continuer d'être un état libre. »

Mais je ne saurais m'empêcher de croire qu'on ne soit bien fondé de donner à la liberté de Palmyre une date plus ancienne. Cette importance, en qualité de

(1) Relation de l'état ancien de Palmyre, *Transact. philos.*

frontière, à laquelle le docteur attribue la liberté de cette ville, était aussi considérable avant la conquête des Romains que depuis : les différentes guerres que les Séleucides eurent à soutenir lui offrirent plusieurs fois des occasions favorables de se soustraire à leur domination. De plus, il n'est pas probable que Palmyre se fût soumise à l'usurpation de Tigrane, et qu'elle fût redevenue libre sous Pompée, qui chassa ce prince du pays : en effet la meilleure excuse que Pompée allégua pour ne pas céder la Syrie à Antiochus l'asiatique (1), fut que les Romains pouvaient la défendre contre les insultes de ses voisins, et que les Syriens ne le pouvaient pas.

Ptolomée marque les noms des différentes villes de l'état Palmyrénien : il y en a quelques-uns de répétés dans les tables de Peutinger ; mais je ne crois pas qu'on en trouve aucun ailleurs. Il fait aussi mention d'une rivière à Palmyre.

Je ne suis pas tant surpris de ne rien trouver touchant cette ville dans les anciens géographes, que je le suis que Strabon, notre guide fidèle sur les côtes de la Méditerranée, et qui de tous les géographes avait le plus de jugement et était le plus curieux, n'en ait pas même marqué le nom.

Pline (2) a très-heureusement ramassé en peu de

(1) *Appian in Syriac.*

(2) *Palmyra urbs nobilis situ, divitiis soli atque aquis amœnis, vasto undique ambitu arenis includit agros, ac velut terræ exempta*

lignes les circonstances les plus frappantes de cette ville, excepté qu'il ne prend pas connaissance des édifices. Il vaut la peine de comparer avec ce que nous avons vu le récit succinct qu'il en fait, et qui est l'unique description ancienne que nous en ayons.

La description que Pline a faite de Palmyre est l'unique que nous ayons des anciens.

« Palmyre est remarquable à cause de sa situation,
« de son riche terroir, et de ses ruisseaux agréables. Elle
« est environnée de tous côtés d'un vaste désert sablon-
« neux, qui la sépare totalement du reste du monde, et
« elle a conservé son indépendance entre les deux grands
« empires de Rome et de Parthe, dont le soin principal
« est, quand ils sont en guerre, de l'engager dans leur
« intérêt. Elle est éloignée de Séleucie sur le Tigre de
« 337 milles, du bord de la Méditerranée le plus proche
« de 203, et de 176 de Damas. »

Palmyre, dans son état florissant, ne pouvait absolument que répondre à cette description : la situation en est belle ; cette ville étant au pied d'une chaîne de montagnes à l'Occident, et s'élevant un peu au-dessus du niveau d'une plaine d'une vaste étendue qu'elle commande à l'orient.

Son récit comparé avec ce que nous avons vu.

Ces montagnes étaient couvertes de quantité de monuments funèbres, dont plusieurs subsistent encore presque entiers, et ont un air tout-à-fait vénérable.

à rerum natura; privatâ forte inter duo summa imperia Romanorum Parthorumque; et primâ in discordiâ semper utrinque cura, abest à Seleuciâ Parthorum quæ vocatur ad Tigrim 337 *millibus passuum, à proximo vero Syriæ littore* 203 *millibus et à Damasco* 27 *propius.* Plin. lib. 5, nat. hist.

Ce qui reste du terroir est extrêmement riche, et les eaux sont fort claires. Les roches dont elles découlent sans cesse sont tout près de la ville, et d'une hauteur qui les rend susceptibles de toute sorte de directions, et elles coulent toujours plus abondamment en été qu'en hiver. Je m'imagine que ce que Ptolomée appelle la rivière de Palmyre, n'était autre chose que ces ruisseaux réunis, dont le courant est encore aujourd'hui assez rapide dans les endroits où leur ancien lit n'a pas été détruit; car on leur avait fait un lit de pierre pour retenir l'eau, et empêcher qu'il ne s'en perde, au lieu qu'aujourd'hui, faute de cette précaution, elle est bientôt imbibée par le sable, sans produire beaucoup de verdure : il y a pourtant tout autour de la ville un terrain considérable, qu'on pourrait certainement fertiliser sans beaucoup de peine. Les montagnes, et apparemment une grande partie du désert, étaient autrefois couvertes de palmiers, que nous avons vus croître dans les déserts sablonneux les plus arides. Abulféda fait mention des palmiers aussi-bien que des figuiers de Palmyre, et les négociants qui y allèrent d'Alep en 1691 rapportent y en avoir vu plusieurs, quoique nous n'en ayons pu trouver qu'un dans tout le pays.

Les autres particularités que Pline rapporte de la situation de cette ville, au milieu d'un vaste désert qui la sépare totalement du reste du monde, de son indépendance, de son amitié recherchée par les Parthes et par les Romains, quand ils sont en différend, sont autant de circonstances qui caractérisent fortement

Palmyre. Ce qu'il lui donne de distance de Séleucie, de Damas, et de la Méditerranée est passablement exact, quoiqu'elle ne soit pas tout-à-fait si éloignée de ces lieux.

On n'apprend rien de Palmyre, ni dans l'expédition de Trajan, ni dans celle d'Adrien dans cette partie de l'Orient, quoiqu'ils aient dû passer par cette ville ou bien près. Il est vrai qu'Étienne rapporte qu'Adrien la fit réparer, et qu'il la nomma à cause de cela Adrianople; mais il est étonnant que ce fait ne soit pas mieux attesté, tandis que cet empereur a été tant complimenté pour des ouvrages moins considérables dans différents endroits de la Grèce.

Il n'est point parlé de Palmyre dans le voyage que fit Trajan dans ces pays, ni dans celui d'Adrien.

On caractérise Palmyre de colonie romaine sur la monnaie de Caracalla, et Ulpien nous apprend qu'elle l'était de droit italique.

C'est une colonie romaine du temps de Caracalla.

On trouve dans les inscriptions (1) qu'elle se joignit à Alexandre Sévère dans son expédition contre les Perses.

Elle assiste Alexandre Sévère contre les Parthes.

On n'en entend plus parler depuis jusqu'à Gallien: mais sous ce règne Palmyre fait figure dans l'histoire de ces temps-là, et éprouve en peu d'années les plus grandes vicissitudes de la fortune.

Elle se distingue d'une manière remarquable sous Gallien

Les faits qui ont rapport à ce court période, mais qui est intéressant, nous ont été transmis imparfaitement et diversement par Zosime, Vopiscus, et Trébellius Pollio. Je m'en vais tâcher de réduire par ordre

(1) Neuvième inscription.

les passages particuliers de ces historiens, qui semblent convenir le plus à notre sujet; et sans m'arrêter à accorder les différences qui s'y trouvent, je m'en tiendrai à l'autorité la plus accréditée.

Odénat.

Il y avait déja quelque temps que les affaires des Romains étaient dans un état très-déplorable dans l'Orient, quand Odénat palmyrénien (mais on ne convient pas de quelle famille il était originairement, ni quel rang elle avait tenu dans l'état) profita si à-propos de la situation de son pays entre les deux grands empires rivaux de Rome et de Perse, qu'il se rendit maître de la balance entre ces puissances.

Sa politique.

Il paraît qu'il se déclara en faveur de l'une et de l'autre de ces puissances, selon que les affaires changeaient de face, et que son intérêt l'exigeait; mais l'alliance qui lui acquit le plus de réputation fut celle qu'il fit avec Gallien. Sa valeur, son activité, et sa patience remarquable à supporter la fatigue, étaient diamétralement opposées à la négligence honteuse de cet empereur, qui semblait même bien aise de la captivité de son père Valérius, que Sapor, roi de Perse, avait fait prisonnier, et qu'il traitait de la manière la plus indigne.

Ses vertus.

Il met en déroute Sapor.

Odénat se joignit aux débris de l'armée romaine en Syrie, mit en déroute Sapor, le vainquit dans plusieurs engagements, et poussa jusqu'à Ctésiphon, capitale de son empire.

Il est déclaré Auguste et associé à l'empire.

Il revint de cette expédition avec de grands applaudissements et un butin considérable; et en considération de ses services Gallien le déclara Auguste et l'associa à l'empire, récompense honorable, moins parce que Gallien la donna, que parce qu'elle fut approuvée du public (1).

Il défait Ballista.

Un autre service considérable qu'Odénat rendit à l'empereur romain, fut la défaite de Ballista, un de ceux qui disputaient l'empire dans ces temps de confusion. C'était un officier de beaucoup d'expérience et d'un grand mérite, qui avait servi sous Valérien, dont il était particulièrement le favori. Les bonnes qualités que cet empereur rapporte de lui dans ses lettres font voir qu'il aurait été un ennemi dangereux, si Odénat ne l'eût écarté.

Il court au secours de l'Asie-mineure contre les Goths.

Le dernier exploit d'Odénat (2) fut qu'il courut au secours de l'Asie-mineure contre les Goths, qui avaient inondé plusieurs de ses riches provinces, où ils commettaient de grands ravages, mais qui se retirèrent à son

---

(1) Voici les propres termes de Treb. Poll. *Laudatur sane ejus opimum factum, nam consulto Valeriani fratris sui et Lucilli propinqui, ubi comperit ab Odenato Persas vastatos, redactam Nisibin et Carras in potestatem Romanam, etc. — Odenatum participato imperio Augustum vocavit ejusque monetam qua Persas captos traheret, cudi jussit, quod et Senatus, et urbs et omnis ætas gratanter accepit.*

(2) Pollio parle à la vérité d'une paix faite environ ce temps-là entre Gallien et Odénat, mais sans dire qu'ils se fussent brouillés auparavant. En général les faits pour lesquels nous sommes obligés d'avoir recours à cet historien sont choisis avec si peu de jugement, et arrangés avec si peu d'ordre, qu'ils ont plutôt l'air de pensées brutes couchées dans un recueil de lieux communs, que d'une histoire qu'il avait dessein de donner au public.

Il est assassiné.

approche. On croit communément que ce fut en les poursuivant qu'il fut assassiné par Mæonius, son parent.

Avec son fils Hérode.

Hérode, son fils, d'une première femme qu'il s'était associée à l'empire, eut le même sort. Tout ce que l'histoire nous en apprend est qu'il était d'une constitution délicate, et qu'il aimait trop la bonne chère, qu'il était fort aimé de son père, et autant haï de sa belle-mère Zénobie.

Il avait plusieurs qualités excellentes.

Ce que nous savons d'Odénat est si peu de chose, et est rapporté d'une manière si confuse, que loin de satisfaire notre curiosité, cela l'excite davantage, et nous donne bien lieu de regretter la perte d'une harangue faite à sa louange par Longin, et dont Libanius fait mention (1). Mais quoi qu'il en soit de quelques parties de sa vie qu'on ignore, on convient généralement qu'il avait plusieurs qualités excellentes. Pollio dit que les affaires des Romains auraient été absolument ruinées tout-à-fait dans l'Orient, s'il n'eût épousé leurs intérêts, et il regarde sa mort comme une preuve de la vengeance divine sur ce peuple.

Mæonius lui succède, mais est tué peu de temps après.

Mæonius, parent et assassin d'Odénat, ne lui survécut guère : il fut salué empereur, et tué peu de temps après par les soldats.

(1) Voici ce que Faber dit de cette harangue : « Si ita tulisset fatum « litterarum ut ne illa oratio perisset, multa hodiè de bellis orienta- « libus quæ Odonathus sustinuit, quæque adeo jejune à minoribus « illis historiæ augustæ scriptoribus, prodita fuerunt, teneremus. » Epist. CCXLIII, liv. 3.

Odénat laissa après lui la reine sa femme Zénobie, et deux fils qu'il avait eus d'elle, Hérénien et Timolaüs; quant à Vaballathus (1), on croit qu'il était plutôt fils d'Hérode. Zénobie.

Le caractère extraordinaire de cette reine, et les vicissitudes de la fortune qu'elle éprouva, semblent tellement mériter notre attention, et se trouvent entremêlés avec si peu de liaison dans les ouvrages des historiens (2) dont nous avons parlé, que nous les approfondirons un peu plus que ne l'exige le dessein de ces recherches.

Zénobie paraît d'abord chargée d'un crime qui, si l'on pouvait y ajouter foi, ne préviendrait pas en sa faveur. On dit qu'elle consentit au meurtre de son mari et de son beau-fils. Je ne trouve d'autorité pour cette accusation énorme que celle de Trebellius Pollio : encore n'avance-t-il pas cela comme quelque chose de sûr ; mais il le rapporte comme un bruit qui courait. Si nous considérons de plus que le même auteur a écrit la vie d'Odénat et celle de Zénobie, non-seulement sans faire mention, ni dans l'une ni dans l'autre, d'une circonstance ausi remarquable; mais qu'au contraire il loue cette reine pour sa clémence (3), il me semble que la

(1) Si on souhaite savoir la raison de cette diversité d'opinions au sujet de Vaballathus, dont l'histoire ne dit rien du tout, il faut consulter Spanheim, Tristan, Hardouin, Vaillant.

(2) Pollio, Zosime et Vopiscus.

(3) « Bonorum principum clementia, ubi pietas requirebat. »

moindre justice que nous devions à ses vertus, est de la croire innocente.

Sa famille.

(1) Tout ce qu'on sait, à n'en pouvoir douter, de la famille de Zénobie, c'est qu'elle se vantait elle-même de descendre des Ptolomées, et qu'elle aimait à compter Cléopâtre parmi ses ancêtres.

Sa beauté.

Elle passait pour une beauté extraordinaire, ce que ne dément point la description particulière que nous avons de sa personne. « Elle avait le teint extrêmement « brun (conséquence nécessaire de sa manière de vivre « dans ce climat-là), les yeux noirs et pleins de feu, les « dents blanches comme des perles, la physionomie mer- « veilleusement enjouée, et toute sa personne était pleine « de graces, au-delà de ce qu'on peut s'imaginer : sa voix « était claire et forte.

Mâle.

Si à ce portrait nous ajoutons sa force non commune; que nous fassions attention à l'extrême fatigue que devaient lui causer ses exploits militaires (car elle ne se servait point de voitures : elle allait ordinairement à cheval, et faisait souvent trois ou quatre milles à pied

---

(1) Il y a des gens qui croient sur l'autorité de Vopiscus, qu'Achillée, qui, à la tête des Palmyréniens, avait taillé en pièces la garnison romaine, était son père; mais Zosime appelle le chef de cette rébellion Antiochus, et loin de croire qu'il fût en aucune manière parent de Zénobie, il rapporte qu'Aurélien le crut trop méprisable pour en faire l'objet de son ressentiment. Il est surprenant qu'un chef de parti eût échappé au châtiment qu'il méritait, seulement parce qu'il n'était d'aucune considération, tandis qu'on crût devoir punir très-sévèrement ceux qui étaient moins coupables.

avec son armée), et qu'en même temps nous nous la représentions haranguant ses soldats avec un casque en tête et les bras nus, selon sa coutume; nous nous formerons une idée de ce qui caractérise au juste cette beauté mâle, qui rappelle plutôt dans l'esprit Minerve que Vénus.

Sa science.

Elle lui ressemblait avec autant de raison du côté de l'esprit; car elle entendait plusieurs langues; elle parlait égyptien à merveilles, et elle savait le latin, quoique, par une timidité qui était l'effet de sa modestie, elle ne se souciât pas de le parler; mais elle le lisait et le traduisait en grec. Elle possédait l'histoire, et elle était sur-tout si versée dans celle d'Alexandrie et de l'Orient, qu'on dit qu'elle en fit un abrégé.

Ses vertus.

Elle était prudente et circonspecte dans ses délibérations, mais ferme dans l'exécution; généreuse sans profusion; si chaste qu'on rapporte qu'en mariage elle n'avait d'autre vue que la propagation (1): elle était franche ou réservée, usait de sévérité ou d'indulgence, selon l'occasion.

Sa religion.

Nous ne dirons point quelle était sa religion: c'est un point controversé qui prendrait plus de temps à discuter que nous ne pouvons y en mettre; mais il me semble que c'est faute d'examiner, que l'on a cru que les Juifs lui avaient fait embrasser leur religion.

---

(1) « Cujus ea castitas fuisse dicitur ut ne virum suum quidem « sciret nisi tentatis conceptionibus. » Treb. Pell.

Elle aimait le faste et la magnificence.

Avec ces vertus mâles et guerrières Zénobie avait ce faible, attaché à son sexe, d'aimer avec ardeur la magnificence et le faste. Ses habits étaient de riches étoffes et couverts de pierreries. Elle affectait, dans sa façon de vivre, la pompe des rois de Perse, et elle recevait hommage de ses sujets avec la même splendeur. Elle imitait les Romains dans ses festins; mais, à l'exemple de Cléopâtre, elle buvait dans des coupes d'or enrichies de pierres précieuses.

Elle était bonne buveuse.

Trébellius Pollio, qui me fournit tout ce que je rapporte de Zénobie, ajoute une circonstance qui pourrait exposer notre héroïne à la censure. « Il dit (1) qu'elle « *buvait souvent avec ses officiers*, et qu'en fait de bois- « son elle l'emportait sur les Perses et sur les Arméniens, « quoiqu'il dise en même temps qu'elle buvait modéré- « ment. »

Sans donner dans l'intempérance.

Quoique ce fût un manque de délicatesse en cette reine que de boire ainsi, néanmoins ces paroles de son historien ne la chargent point absolument d'intempérance, et il me semble que tout ce qu'on en peut raisonnablement conclure, c'est que, comme elle pouvait boire beaucoup sans s'enivrer, elle se servait en habile politique de cette qualité de son tempérament pour connaître les esprits, et pour découvrir les secrets qu'il fallait qu'elle sût pour faire réussir ses projets.

Elle commença à régner jeune, quoiqu'elle eût de l'expérience.

Ajoutez à ces qualités extraordinaires que Zénobie

---

(1) « Bibit sæpe cum ducibus, cum esset alius sobria : bibit etiam cum Persis et Armenis ut eos vinceret. » Treb. Pol.

prit les rênes du gouvernement avec les avantages de la jeunesse et de l'expérience, lesquels se rencontrent rarement à-la-fois dans la même personne. Nous pouvons juger de l'âge qu'elle avait alors, puisque plusieurs années après elle se remaria à Rome, et qu'elle eut des enfants; cependant elle avait déja acquis tant d'expérience sous la conduite de son mari, qu'elle accompagnait toujours dans ses campagnes, que l'empereur Aurélien lui attribue l'honneur des victoires qu'Odénat remporta sur les Perses, dans la lettre qu'il écrivit au sénat, et que Pollio nous a conservée.

Il est fâcheux que l'unique auteur qui ait écrit la vie de cette reine, et dont nous avons tiré ces particularités touchant ses mœurs, sa personne, son habillement, ne dise rien des événements importants qui caractérisent son règne, et qu'il fasse connaître si peu l'esprit de ses actions héroïques, tandis qu'il entre dans un détail si circonstancié de choses de moins de conséquence. Si on lui a obligation de savoir que Zénobie avait les yeux noirs et les dents blanches, on ne saurait s'empêcher de lui faire des reproches de ne nous apprendre rien du tout des batailles qu'elle a données, ni des lois qu'elle a faites.

Cela étant ainsi, il faut avoir recours à l'histoire des empereurs romains contemporains de Zénobie (1): son

(1) Tous les faits sont tirés de Zosime et de Vopiscus: il est inutile de les coter à tout moment.

histoire est tellement liée avec la leur, qu'elles peuvent fort bien s'éclaircir l'une l'autre.

Elle prend le gouvernement au nom de ses fils.

Zénobie prit le gouvernement au nom de ses fils alors très-jeunes. Gallien était, la dernière année de son règne, un des plus mauvais empereurs qu'il y ait eu, et elle trouva ses affaires dans un embarras extrêmement favorable à son ambition. L'amour des lettres était l'unique bonne qualité de cet empereur : ses mauvaises qualités étaient sans nombre; mais la débauche et la cruauté étaient ses vices favoris, et l'on dit qu'en cela il pouvait le disputer à Héliogabale et à Néron. Une négligence entière de ce qu'il devait à sa patrie et à son père captif auraient réduit l'empire à un état de confusion irréparable, si Odénat n'eût soutenu son intérêt en Orient.

Gallien.

Son caractère.

Zénobie fait la conquête de la Syrie et de la Mésopotamie.

Les vues de Zénobie étaient incompatibles avec l'alliance des Romains. On ne voit pas trop sous quel prétexte elle rompit les engagements que son mari avait contractés avec eux; mais elle attaqua et défit Héraclien, que Gallien avait envoyé avec une armée contre les Perses; l'action fut vive; peu s'en fallut que le général romain ne fût fait prisonnier, et elle demeura en possession de la Syrie et de la Mésopotamie. Cette même année Gallien fut assassiné à Milan.

Claude.

Claude lui succéda. Il était d'un caractère si aimable et si différent de celui de son prédécesseur, qu'il aurait sans doute rétabli le bonheur et la tranquillité dans l'empire, s'il eût régné plus long-temps. « Il

« avait (1) la valeur de Trajan, la piété d'Antonin, et la « modération d'Auguste », vertus qu'il employa sans relâche au service du public. Il tourna principalement ses soins vers la réforme. On voit par une lettre qu'il écrivit au sénat, immédiatement avant la victoire mémorable qui le fit surnommer gothique, combien cette entreprise était difficile.

Son caractère.

Pendant qu'il était ainsi occupé en Occident, Zénobie envoya Zabdas en Égypte pour en faire la conquête. Peut-être réclamait-elle cette province en vertu d'un droit héréditaire, comme descendante des Ptolomées, ses anciens rois; mais elle y avait un parti soutenu par un certain Timogènes. Zabdas, officier expérimenté qui avait servi sous Odénat, et qui avait été de toutes les batailles de la reine, en vint aux mains avec les Égyptiens et les vainquit. Ce succès le mit en possession de cette province: il y laissa un corps de cinq mille hommes, et retourna à Palmyre.

Zénobie fait la conquête de l'Égypte.

Cette révolution arriva pendant l'absence de Probus, préfet d'Égypte, qui était allé en course contre les pirates qui infestaient les mers voisines. Il revint quand il apprit cette nouvelle, et il chassa les Palmyréniens du pays.

Ce changement soudain qui arriva dans les affaires de Zénobie, en Égypte, y fit retourner Zabdas avec une armée. Probus lui livra bataille et le vainquit.

---

(1) Treb. Poll.

Non content de ce succès, il voulut couper chemin aux Palmyréniens, et empêcher leur retraite ; mais cette entreprise lui fut fatale; car s'étant pour cet effet emparé des hauteurs qui étaient dans le voisinage de Babylone (ce sont les mêmes qui commandent aujourd'hui le Caire) Timogènes, qui connaissait mieux le pays que lui, montra aux Palmyréniens un chemin qui conduisait au haut de cet endroit-là, et qui n'était point gardé; ainsi ils surprirent son armée et la détruisirent. Probus, fait prisonnier, se tua de désespoir des malheurs que sa mauvaise conduite avait causés, et Zénobie devint maîtresse de l'Égypte.

Claude, sur la fin de la seconde année de son règne, résolut de marcher lui-même contre Zénobie; mais il mourut de la peste à Sirmich, dans la Pannonie.

Aurélien. Aurélien fut élu en sa place par l'armée, et Quintillus, frère du feu empereur, par le sénat; mais celui-ci étant mort dix-sept jours après, Aurélien n'eut plus de concurrent à craindre, et il fut unanimement proclamé empereur.

Son caractère. C'était un simple soldat de fortune, qui du plus bas rang de l'armée s'était élevé au poste de général de la cavalerie. Sa force remarquable, son grand courage, et le soin infatigable qu'il prit de maintenir la discipline militaire, furent les vertus auxquelles il devait son élévation. Il récompensait généreusement; mais il était prompt à punir, et il le faisait toujours avec sévérité. La cruauté était son vice dangereux, d'autant plus qu'il ajoutait foi trop légèrement aux rapports qu'on lui faisait; cependant Rome se trouva mieux de ses vertus qu'elle n'eut à souffrir de ses vices. Claude n'avait remédié qu'en partie aux désordres que Gallien avait laissé introduire dans l'état, et il fallait un homme d'un courage plein d'activité, tel qu'Aurélien, pour achever ce grand ouvrage. Pendant qu'il employa avec succès les deux premières années de son règne à faire la guerre aux Goths, aux Germains, aux Vandales, et à réformer la police à Rome, Zénobie ajouta à ses états une grande partie de l'Asie-mineure.

Zénobie fait la conquête d'une grande partie de l'Asie.

Arrêtons-nous un peu à considérer la situation présente de Zénobie : voilà cette reine arrivée au comble de sa gloire, et elle fournit l'exemple d'un des plus extraordinaires et des plus rapides revers de fortune qu'il y ait dans l'histoire.

Un petit territoire au milieu d'un désert, sous le gouvernement d'une femme, étend ses conquêtes sur plusieurs pays riches, et sur des états considérables. Les puissants royaumes de Ptolomées et des Séleucides font partie des états d'une simple ville dont on cherche en vain le nom dans leur histoire; et Zénobie, renfermée naguère dans les sables arides de Palmyre, renferme à-présent l'Égypte dans ses états au sud, et s'étend au nord jusqu'au Bosphore et à la mer Noire.

L'étendue de ses conquêtes.

Jusqu'ici ses succès n'avaient guère été interrompus. Claude avait cru qu'il était plus prudent d'employer toutes ses forces à supprimer des maux plus voisins. Aurélien avait approuvé sa conduite, tant par la lettre que nous voyons qu'il écrivit au sénat (1), qu'en suivant les mêmes mesures; car il subjugua entièrement les Goths, et ensuite il marcha au secours de l'empire d'Orient. Il traversa le Bosphore à Byzance; et à l'exception de Tyane, ville de Cappadoce qu'il prit par stratagême, il marcha à Antioche sans opposition.

Batailles d'Antioche et d'Emèse.

Ce fut à cette ville et à Emèse que se donnèrent ces deux batailles qui firent regagner à Aurélien les provinces d'Orient, et qui réduisirent Zénobie à se refugier dans sa capitale.

La dernière de ces deux actions fut très-opiniâtre : mais ce qu'il y eut de plus remarquable dans l'une et dans l'autre, c'est que les Palmyréniens furent supérieurs aux Romains en cavalerie; ceux-ci le furent dans l'art de la guerre. Ce pays se distingue encore aujourd'hui par ses chevaux, et les habitants excellent dans l'art de les monter.

Aurélien assiége Palmyre.

Aurélien poussa jusqu'à Palmyre, extrêmement harassé dans sa marche par les brigands de Syrie, et après avoir pris les précautions nécessaires pour que son armée ne manquât point de provisions, il assiégea la ville. La garnison la défendit avec une opiniâtreté extraordinaire : c'est ce qui paraît particulièrement par la lettre (2) qu'Aurélien écrivit à Mucapores, pour lui rendre raison de la longueur du siége.

(1) Treb. Poll. a conservé cette lettre dans la vie de Zénobie.

(2) Cotée par Vopiscus dans la vie d'Aurélien.

Il écrit à Zénobie.

Enfin las de faire d'inutiles efforts, il résolut de tenter la voie de la négociation. Il écrivit donc à Zénobie (1), mais en des termes qui prescrivaient plutôt des conditions qu'ils ne les proposaient : aussi les rejeta-t-elle avec un souverain mépris ; et malgré l'état désespéré de ses affaires, Zénobie traita ses offres d'insolentes. Elle le fit ressouvenir que Cléopâtre avait préféré la mort à une vie déshonorable : elle porta même l'insulte jusqu'à lui rappeler les avantages que les brigands Syriens avaient remportés sur son armée.

Sa réponse hautaine.

Cette réponse hautaine irrita davantage Aurélien. Il

(1) Vopiscus a conservé cette lettre : « Aurelianus imperator rom. « orbis et receptor orientis, Zenobiæ, cæterisque quos societas tenet « bellica. — Sponte facere debuistis id quod meis litteris nunc ju- « betur : deditionem præcipio impunitate vitæ propositâ, ita ut illic, « Zenobia, cum tuis agas vitam, ubi te ex senatus amplissimi sen- « tentiâ collocavero. Gemmas, argentum, aurum, sericum, equos, « camelos, in ærarium ro. conferas. Palmyrenis jus suum servabitur. » Vopiscus ajoute : « Hac epistolâ acceptâ, Zenobia superbius insolen- « tiusque rescripsit quam ejus fortuna poscebat, credo ad terrorem. »

Voici la copie de sa lettre rapportée par le même auteur. « Zenobia « regina orientis Aureliano Augusto. — Nemo adhuc, præter te, quod « poscis litteris petiit : virtute faciendum est quidquid in rebus bel- « licis est gerendum. Deditionem meam petis, quasi nescias Cleo- « patram reginam perire maluisse, quam in qualibet vivere dignitate : « nobis Persarum auxilia non desunt, quæ jam speramus. Pro nobis « sunt Saraceni, pro nobis Armenii. Latrones Syri exercitum tuum, « Aureliane, vicerunt ; quid igitur si illa venerit manus, quæ undique « speratur ? Pones profecto supercilium, quo nunc mihi deditionem, « quasi omnifariam victor, imperas. » Vid. Vopis. in vit. Aurelian.

fit faire sur-le-champ une attaque générale et plus furieuse; et tandis que d'un côté il pressait les assiégés avec tant de vigueur, il intercepta de l'autre les secours qui leur venaient de Perse, et il détacha les Sarrasins et les Arméniens de leur parti.

Etat déplorable de Palmyre.

Outre cela, la ville commença à manquer de provisions, pendant que l'ennemi en avait en abondance, circonstance très-décourageante pour les Palmyréniens, qui avaient fondé leurs espérances sur-tout sur la difficulté que trouverait Aurélien à faire subsister son armée dans le désert.

Dans cette calamité ils résolurent de faire savoir aux Perses la situation désespérée où ils étaient, et d'implorer leur assistance contre l'ennemi commun.

Zénobie entreprend d'aller en Perse chercher du secours, et est prise.

Zénobie voulut aller elle-même négocier cette affaire, et elle partit pour la Perse sur un dromadaire, animal dont on se sert aujourd'hui dans ce même pays pour voyager en diligence; mais elle ne put échapper à la vigilance des assiégeants. Aurélien informé de son évasion dépêcha après elle un parti de cavalerie, qui l'attrapa comme elle venait d'entrer dans un bateau pour passer l'Euphrate.

On dit que l'empereur romain ressentit un plaisir infini à la vue de la reine captive; cependant il était un peu mortifiant pour son ambition de considérer que la postérité ne regarderait jamais cette conquête que comme la conquête d'une femme.

Palmyre se rend à la merci d'Aurélien.

Zénobie étant prise, les habitants de Palmyre se rendirent, et s'abandonnèrent à la merci de l'empereur, quoiqu'il y eût dans la ville un parti considérable qui voulait la défendre jusqu'à la dernière extrêmité. Aurélien les épargna à cause de leur soumission, et retourna à Emèse avec Zénobie, emportant avec lui une grande partie des richesses de Palmyre, où il laissa une garnison de six cents archers commandés par Sandério.

A Emèse Aurélien examina le procédé de Zénobie, et les motifs qu'elle avait eus pour lui résister avec autant d'opiniâtreté.

Zénobie abandonne ses amis qu'on fait mourir.

Je souhaiterais pouvoir ici justifier sa conduite ; mais il faut avouer qu'en cette occasion elle imita peu son grand modèle Cléopâtre, et qu'elle acheta une vie déshonorable aux dépens de ses amis qu'elle trahit indignement : elle déclara ceux qui l'avaient conseillée dans ce qu'elle avait fait. L'empereur les fit mettre à mort, et elle fut réservée pour orner son triomphe.

Longin est de leur nombre.

Longin fut du nombre de ceux qui souffrirent : on l'accusa d'avoir dicté cette lettre hautaine que Zénobie, sa maîtresse, avait écrite à l'empereur. Le courage intrépide (1) avec lequel il subit son sort fait voir qu'il était aussi brave que savant.

Palmyre se révolte et en est punie.

Les malheurs de Palmyre ne finirent point ici. Quand on passe si rapidement d'un état de liberté, dont on a joui long-temps, à un état d'esclavage, rarement souffre-t-on tranquillement sa condition, et ne prend-on

---

(1) Zos. lib. 1.

pas des mesures désespérées pour la changer. Les Palmyréniens taillèrent en pièces la garnison romaine. Aurélien apprenant cette nouvelle comme il s'en retournait à Rome, revint promptement sur ses pas, prit et détruisit la ville, et fit main-basse sur presque tous les habitants, sans exception ni d'âge ni de sexe.

C'est l'empereur lui-même qui nous apprend les particularités de cette cruauté, dans la lettre qu'il écrivit à Bassus (1), pour lui ordonner de faire réparer le temple du soleil, qui avait été beaucoup endommagé par les soldats. Il appropria à cet usage trois cents livres pesant d'or, qu'on trouva dans les coffres de Zénobie, avec dix-huit cents livres pesant d'argent, des effets du peuple, outre les joyaux de la couronne.

Zénobie amenée à Rome, où elle passa le reste de sa vie.

Ce qu'on rapporte de plus croyable du reste de la vie de Zénobie, c'est qu'Aurélien la mena à Rome,

(1) Vopiscus nous a aussi conservé cette lettre. « Aurelianus « Augustus Ceionio Basso. Non oportet ulterius progredi militum « gladios, jam satis Palmyrenorum cæsum atque occisum est. Mulie« ribus non pepercimus, infantes occidimus, senes jugulavimus, « rusticos interemimus, cui terras, cui urbem deinceps relinquemus? « Parcendum est iis qui remanserunt. Credimus enim paucos tam « multorum suppliciis esse correctos. Templum sane solis, quod « apud Palmyram aquilifer legionis tertiæ cum vexilliferis et draco« nario cornicibus atque liticinibus diripuerunt, ad eam formam « volo, quæ fuit, reddi. Habes trecentas auri libras Zenobiæ capsulis: « habes argenti mille octingenta pondo de Palmyrenorum bonis : « habes gemmas regias. Ex his omnibus fac cohonestari templum : « mihi et diis immortalibus gratissimum feceris. Ego ad senatum « scribam, petens ut mittat pontificem, qui dedicet templum. »

qu'elle y orna son triomphe magnifique, et que cet empereur lui assigna quelques terres à Conche, près du chemin qui va de Rome à Tivoli (1), où l'on montre aujourd'hui aux voyageurs quelques ruines qu'on croit être celles de la maison de campagne de cette reine. On dit qu'elle s'y remaria, et qu'elle eut des enfants.

Sans doute que Palmyre, après avoir perdu sa liberté, eut toujours depuis un gouverneur romain. Il y a apparence que Bassus, à qui Aurélien écrivit la lettre dont nous avons parlé, fut le premier; et l'on trouve Hiérocles remplissant ce poste pour la cinquième fois, sous le titre du président (*Præses*) de la province, quand Dioclétien fit bâtir dans cette ville. C'est ce que nous apprend l'unique inscription latine que nous avons trouvée à Palmyre. Nous y renvoyons le lecteur (2).

Dioclétien fait bâtir à Palmyre.

Les restes magnifiques des édifices que Dioclétien fit élever à Rome, à Spalatro, et à Palmyre, prouvent que l'architecture florissait encore sous le règne de cet empereur, contre l'opinion du chevalier Temple (3), qui dit que le pont que Trajan fit faire sur le Danube semble avoir été le dernier essor de l'ancienne architecture.

La première légion illyrienne fut en quartier à Palmyre vers l'an 400 de Jésus-Christ (4); mais il

(1) L'ancienne Tibur.

(2) Voyez l'inscription XXVII.

(3) Essay on antient and modern learning.

(4) Notitia imp.

paraît incertain que cette ville ait continué sans interruption d'avoir une garnison romaine ; car Procope marque que Justinien fit réparer Palmyre, qui avait été presque abandonnée pendant quelque temps, et qu'il fournit d'eau la ville pour l'usage de la garnison qu'il y laissa (1). Il y a lieu de croire que ces réparations-là se firent moins pour orner la ville que pour la fortifier. Cet auteur semble être peu instruit de l'histoire ancienne de cette ville, quand il avance qu'elle fut bâtie dans cette situation, pour arrêter les incursions que les Sarrasins faisaient sur les territoires romains. On n'apprend plus rien de Palmyre dans l'histoire romaine.

Justinien la fait réparer.

Les révolutions civiles de ce pays font voir que le christianisme n'a pu y être établi guère de temps; de sorte qu'il n'est pas surprenant que l'histoire ecclésiastique ne fournisse rien qui vaille la peine d'être rapporté.

On ne sait guère ce qui est arrivé à Palmyre depuis Mahomet.

Il n'est guère possible de savoir ce qui est arrivé à Palmyre depuis Mahomet. Il paraît par les changements faits au temple du soleil qu'elle a servi de place forte : ces changements, de même que le château qui est sur la montagne, ne sauraient avoir plus de cinq ou six cents ans d'ancienneté.

Benjamin, juif espagnol, en parle : il y était en 1172.

Benjamin, natif de Tui, en Espagne, juif ignorant et superstitieux, qui passa par Palmyre dans le dou-

(1) Procop. Cæs. de ædificiis Justin. lib. 2, cap. 11.

zième siècle, dit qu'il y avait alors dans cette ville deux mille personnes de sa religion.

Abulféda en parle aussi : il vivait en 1321.

Des auteurs arabes qui parlent de Palmyre, Abulféda, prince de Hamah, ville qui n'en est pas fort éloignée, et qui écrivait vers l'an 1321, semble être l'unique qui mérite d'être cité. Il fait mention très-succinctement de sa situation, de son terroir, de ses palmiers et de ses figuiers, des colonnes anciennes et en assez grand nombre qu'on y voyait, de son mur et de son château. Il est vraisemblable qu'il ignorait et le nom grec et l'histoire de cette ville: il ne l'appelle que Tedmor.

Elle est peu connue des géographes.

D'un autre côté, quelques-uns de ceux qui ont le mieux écrit de la géographie ancienne, et qui savaient en gros l'histoire de Palmyre, paraissent en avoir entièrement ignoré les ruines. Castaldus, Ortélius, et d'autres ne prennent pas cette ville pour le Tedmor d'Abulféda, mais ils lui donnent d'autres noms modernes.

Enfin on connaissait si peu ces ruines avant la fin du dernier siècle, que si on en eût employé les matériaux à fortifier la place, ce qui aurait pu naturellement arriver en conséquence d'une guerre entre la Turquie et la Perse, on saurait aujourd'hui à peine que Palmyre a existé: exemple frappant du sort précaire où sont sujets les plus grands monuments de l'industrie et de la puissance humaine.

Des négociants anglais vont voir ces ruines en 1678.

Mais environ ce temps-là des commerçants anglais qui étaient à Alep eurent la curiosité d'aller voir ces ruines : comme ils tombèrent dans les mains des Arabes qui les volèrent, ils furent obligés de s'en retourner sans satisfaire leur curiosité; mais treize ans après ils firent une seconde tentative, et ils restèrent quatre jours à Palmyre.

et en 1691.

On a publié dans les Transactions philosophiques la relation qu'ils en ont faite, et qui est la seule que j'aie jamais vue de ce lieu. Elle est écrite avec tant de candeur, et d'égard à la vérité, qu'elle mérite bien qu'on ait de l'indulgence pour quelques petites erreurs qui ne procèdent que de ce qu'ils ont été obligés de la faire à la hâte, et qu'ils ne se connaissaient pas beaucoup à l'architecture ni à la sculpture. Il faut espérer du moins que le surcroît de notre témoignage servira à les disculper de ce qu'on leur a imputé injustement, imputation d'autant plus dangereuse qu'elle a été accréditée par des gens de lettres et de sens, à qui il a paru plus aisé de douter de la vérité de leur relation, que de rendre compte de telles ruines dans un endroit si extraordinaire (1).

Notre voyage au même endroit en 1751.

Si le voyage que nous fîmes à Palmyre dans l'année 1751 a produit quelque chose qui satisfasse davantage les curieux, c'est que nous l'avons entrepris avec des avantages que les premiers n'avaient pas; mais quel que soit le mérite auquel nous puissions prétendre d'avoir fait une recherche plus exacte des ruines de

(1) « Nunc rudera supersunt, magnæ olim urbis indicia, ut « referunt ii quorum tamen nolim fidem præstare. » Père Hardouin, Plin. lib. 5, Hist. Nat.

cette ville, c'est entièrement aux facteurs anglais, résidant à Alep, que la découverte en est due.

Sur leur relation le docteur Halley fit une histoire succincte de l'état ancien de Palmyre, et quelques remarques ingénieuses sur les inscriptions qui s'y trouvent. Ab. Seller a fait une autre histoire de Palmyre avec un commentaire sur les inscriptions. La première m'a semblé trop concise, et l'autre trop diffuse (outre qu'elle est peu correcte) pour répondre au but de ces recherches, quoiqu'elles n'aient pas laissé de m'être utiles toutes deux.

Il paraît par cette petite ébauche de l'histoire de Palmyre, que tout ce que nous avons pu apprendre des auteurs, au sujet des édifices de cette ville, c'est qu'ils ont été réparés par Adrien, par Aurélien, et par Justinien, l'inscription latine ajoute, par Dioclétien. Passons à-présent à ce qui doit faire l'objet de la seconde partie de ces recherches.

Sur le goût de l'architecture.

Nos gravures mettront chacun en état de juger jusqu'à quel point le goût et la manière de l'architecture peuvent faire connaître le siècle qui l'a produite; et en formant ce jugement, le lecteur fera l'usage qu'il lui plaira des observations suivantes, où l'on n'a point tenu d'ordre particulier.

Ruines à Palmyre plus anciennes que celles que nous avons mesurées.

Nous avons cru pouvoir aisément distinguer à Palmyre les ruines de deux périodes fort différents de l'antiquité: le dépérissement des plus anciennes, qui sont des décombres tout purs, et qu'il n'est pas possible de mesurer, nous ont paru être l'ouvrage graduel du temps; mais il nous a semblé que les ruines moins anciennes portaient des marques de violence.

Identité de l'architecture.

Il y a une plus grande identité dans l'architecture de Palmyre que nous n'en avons remarqué à Rome, à Athènes, et dans les autres grandes villes, où les ruines montrent évidemment différents âges, autant par la diversité de leur manière que par leurs différents degrés de dépérissement. C'est à leur simplicité et à leur utilité qu'on reconnaît à Rome les édifices qui ont été faits durant la république, au lieu que ceux qui ont été élevés sous les empereurs sont remarquables par les ornements. Il n'est pas moins aisé de distinguer à Athènes l'ancien ordre *dorique simple* et uni du licencieux corinthien d'un siècle postérieur; mais à Palmyre on ne saurait tracer un progrès aussi visible de l'art et des manières de l'architecture; et les édifices qui sont le plus en ruines semblent devoir leur dépérissement plutôt à des matériaux moins bons, ou à une violence accidentelle qu'à une plus grande antiquité. Il est vrai que les monuments funèbres, qui sont hors de la ville, ont en dehors un air de simplicité bien différent du goût général de tous les autres édifices; ce qui, joint à leur forme singulière (1), nous fit croire d'abord que c'étaient des ouvrages du pays, antérieurs à

(1) Quand je dis *singulière*, j'entends par rapport aux anciens édifices de la Grèce et de l'Italie; car la figure de ces monuments ne paraîtrait pas singulière dans les pays où les cloches ont rendu les clochers communs: ils leur ressemblent tout-à-fait.

l'introduction des arts grecs; mais ils ont en dedans les mêmes ornements que les autres édifices.

Presque tout de l'ordre corinthien.

Il est remarquable qu'à l'exception de quatre demi-colonnes ioniques, dans le temple du soleil, et deux dans un des mausolées, tout le reste est de l'ordre corinthien, superbement orné de beautés frappantes; mais qui ne sont pas sans défauts visibles.

Dans la diversité des ruines que nous avons vues en parcourant l'Orient, nous n'avons pu nous empêcher de remarquer que chacun des trois ordres grecs a eu son période à la mode. Les plus anciens édifices ont été doriques; à cet ordre a succédé l'ionique (1), qui semble avoir été l'ordre favori, non-seulement en

(1) Il est étranger à notre sujet d'examiner lequel de ces ordres fait le plus bel effet; mais de peur qu'on ne soit trop porté en faveur de l'ionique, à cause de la préférence qu'il a eue dans un siècle où l'architecture florissait le plus, et chez une nation dont les productions ont été si long-temps la règle du bon goût, qu'elles ont en quelque sorte acquis le droit d'influer sur le jugement qu'on peut porter en cette matière, on peut observer d'abord qu'il n'y a point de doute que les Ioniens n'eussent de la partialité pour l'ordre qu'ils prétendaient avoir l'honneur d'avoir inventé; et, en second lieu, qu'ils auraient préféré le dorique en plusieurs occasions, si leur ordre propre n'eût été plus aisé à exécuter, et si l'architecte ne s'en fût pas mieux accommodé pour donner carrière davantage à son imagination, que du dorique, où elle est retenue par une attention continuelle à la distribution convenable des métopes et des triglyphes. Hermogènes avait dessein de faire dorique le fameux temple de Bacchus à Téos; mais, pour cette dernière raison, il changea son plan, et le fit ionique, quoiqu'il eût déja préparé ses matériaux. *Vitruv.*

Ionie, mais par toute l'Asie-mineure, le pays de la bonne architecture dans le temps de la plus grande perfection de cet art. Ensuite le corinthien est venu en vogue, et la plupart des édifices de cet ordre qu'il y a en Grèce semblent postérieurs à l'établissement des Romains dans ce pays-là. Après cela a paru le composé accompagné de toutes ses bizarreries, et alors on sacrifia entièrement les proportions à la parure et à la multiplicité mal entendue des ornements.

Le dernier ordre grec en vogue.

Une autre observation que nous avons faite dans ce voyage, et qui semble n'être pas ici un hors-d'œuvre, c'est que dans le progrès de l'architecture et de la sculpture vers la perfection, la sculpture y est arrivée plutôt, et en est aussi plutôt déchue.

La sculpture est arrivée plutôt à la perfection que l'architecture, et en est aussi plutôt déchue.

On en voit la preuve dans l'ancien dorique d'Athènes. Les métopes des temples de Thésée et de Minerve, dont l'un fut bâti après la bataille de Marathon et l'autre du temps de Périclès, font voir la plus grande perfection qu'ait jamais acquise la sculpture, quoique l'architecture de ces temples en soit très-éloignée, et même qu'en plusieurs endroits elle soit contraire aux règles de Vitruve, qui paraît avoir fondé ses principes sur les ouvrages d'un siècle postérieur.

Preuves de cela.

Que l'architecture a duré plus long-temps que la sculpture, c'est ce dont nous avons vu beaucoup d'exemples dans l'Asie-mineure; mais nous n'en avons trouvé nulle part des preuves plus évidentes qu'à Palmyre.

Cette observation sur le sort différent de ces deux

arts, que j'ai tâché d'appuyer de faits, a paru un peu extraordinaire à quelques personnes qui regardent avec raison l'architecture comme l'enfant de la nécessité, comme l'effet des premiers besoins des hommes, qu'ils ont été obligés d'inventer, et dont ils ont fait leurs occupations, long-temps avant d'imaginer la sculpture, qui n'est que l'effet du loisir et du luxe. Comment donc se peut-il faire que l'architecture ait été devancée par un art qu'on n'a imaginé que bien du temps après? Peut-être est-ce la démonstration oculaire que j'ai eue du fait, qui me porte à penser trop favorablement de la raison que je vas en rendre.

Raison de cela.

Le sculpteur ayant pour objet, par exemple, une figure humaine, a dans ses premières et ses plus grossières ébauches l'avantage de trouver un modèle dans la nature; car c'est dans l'imitation parfaite de la nature que consiste la perfection de son art; mais pour l'architecte, il faut que son imagination travaille à chercher des proportions qui ne tombent pas absolument de la même manière sous les sens, quoique, quand elles sont une fois établies, elles se conservent et se copient plus aisément. Il me semble que la première partie de cette réflexion fait voir pourquoi, en considérant ces arts depuis leur enfance jusqu'à leur état de perfection, les progrès de la sculpture sont plus rapides; et que l'autre partie rend raison pourquoi, quand le bon goût décline, l'architecture ne doit pas s'en ressentir si promptement.

Si l'on me permet de faire fond sur ces observations,

en les appliquant aux édifices de Palmyre, je serais porté à en fixer la date après l'âge le plus heureux des beaux-arts. Mais les inscriptions nous en apprendront davantage à ce sujet.

Des inscriptions.

On voit par la date de ces inscriptions (où l'on remarque l'ère de Séleucus, avec les noms macédoniens des mois) qu'il n'y en a point de plus ancienne que la naissance de Jésus-Christ, et qu'il ne s'en trouve aucune si tard que la destruction de la ville par Aurélien, à l'exception d'une inscription latine qui fait mention de Dioclétien. Elles sont toutes en mauvais caractères; il y en a quelques-unes de sépulcrales, mais la plupart sont honoraires : dans les inscriptions les plus anciennes tous les noms sont palmyréniens ; celles qui le sont moins ont des prénoms romains

Elles marquent le siècle de deux bâtiments.

Deux des mausolées, qui sont encore presque entiers, préservent sur leur façade des inscriptions très-lisibles, dont l'une nous informe que Jamblichus, fils de Mocimus, fit bâtir ce monument pour servir de sépulture à lui et à sa famille l'an 314 (qui répond à la troisième année de Jésus-Christ), et l'autre qu'Elabélus Manaius le fit bâtir l'an 414 (la 103e année de J.-C.).

Par ce moyen on peut deviner le siècle des autres.

Les ornements de ces deux mausolées sont beaucoup dans le même goût; mais le dernier est le plus élégant, et fini avec plus de soin. Quoi qu'il en soit, ils sont tous deux tellement dans le goût et la manière des autres édifices publics en général, qu'on peut bien supposer que ce ne sont pas des ouvrages de siècles fort différents.

Quant aux inscriptions honoraires, elles sont presque toutes sur les colonnes du grand portique. On verra qu'il y avait les statues des personnes qui y sont nommées, et que les différentes dates marquent le temps auquel elles reçurent cet honneur. Tout ce qu'on en peut conclure par rapport aux édifices, c'est que le portique est plus ancien que la plus ancienne de ces dates.

Nous espérions trouver des inscriptions qui nous apprissent quelque chose d'important d'une ville dont l'histoire a si peu parlé; mais nous en avons cherché en vain. Nous n'avons pas mieux réussi dans la recherche exacte que nous avons eu soin de faire à ce sujet des médailles, des camaïeux et des pierres gravées : nous n'avons pu trouver que de petites médailles romaines de cuivre du Bas-Empire, outre quelques camaïeux et quelques gravures qui ne valent pas la peine qu'on en prenne connaissance.

Il n'y est pas fait mention de Zénobie.

Nous ne nous sommes pas fort étonnés de ne trouver dans aucune inscription le nom de Zénobie, son régne ayant été si court, et ayant été employé presque tout entier dans une guerre dont la fin malheureuse n'a pas permis qu'on la félicitât ni qu'on la flattât. Ce que remarque le docteur Halley n'est pas non plus improbable, qu'il se pourrait fort bien que les Romains, si irrités contre elle, eussent détruit ou effacé tout ce qui faisait honneur à cette reine.

Conclusion.

Il me semble qu'on peut conclure après tout qu'on a dû connaître les sources abondantes et continuelles de Palmyre, tout aussitôt qu'on a eu trouvé le passage du désert et qu'on l'a pratiqué; et que, dès le temps auquel le commerce a commencé à attirer l'attention, on a dû faire grand cas de la situation d'une telle ville, qui était nécessaire pour entretenir la communication entre l'Euphrate et la Méditerranée, Palmyre n'étant qu'à environ vingt lieues de cette rivière, et à environ cinquante de Tyr et de Sidon sur la côte. Comme ce désert se trouve dans le voisinage des premières sociétés civiles dont nous savons quelque chose, il n'y a point de doute que cela ne soit arrivé de bonne heure: les écrits de Moïse attestent positivement qu'il y a eu une communication très-ancienne entre Padan-Aran, qui a été ensuite la Mésopotamie, et la terre de Canaan.

Palmyre habitée de bonne heure, et pourquoi.

Si l'on allègue que ce n'était pas au travers du désert qu'on entretenait cette communication-là, mais qu'on prenait un chemin plus long en passant par le pays habité, comme l'on fait généralement aujourd'hui, et que les patriarches, quand ils voyageaient dans ces pays, tenaient à-peu-près la même route que les caravanes ont coutume de tenir à-présent pour leur sûreté depuis Damas, par Hamah, Alep, Bir, etc., on peut répondre, suivant une réflexion qui se présenta à mon esprit, quand je me trouvai sur cette route en allant en Mésopotamie (aujourd'hui Diarbec), dans le premier voyage que je fis en Orient dans l'année 1742, que les prompts voyages de Laban et de Jacob, de Haran à la montagne de Galaad, n'ont pu se faire par un autre chemin qu'à travers le désert, et qu'il n'est pas possible de rendre autrement raison du peu de temps qu'ils y mirent. Comme l'objet du voyage de Laban semblait exiger de lui des efforts de diligence extraordinaires, il y aurait de la témérité à prétendre décider du chemin qu'il a pu faire en sept jours (1); mais on peut calculer assez exactement le temps que Jacob mit à ce voyage, et il n'a pas pu arriver à la montagne de Galaad, même en traversant le désert, en moins de dix jours, comme il a fallu qu'il tint la route des caravanes que les habitants d'aujourd'hui ont coutume de tenir; car il voyageait avec le même embarras de famille, de troupeaux, en un mot de tout ce qu'il possédait, menant ses femmes et ses enfants sur des chameaux (2), comme font à-présent les Arabes, qui conservent dans leurs mœurs et dans leurs coutumes une ressemblance surprenante à celles des patriarches, et beaucoup plus grande qu'on ne la remarque nulle part entre le même peuple ancien et moderne.

Le désert n'est pas sujet au changement.

Ce raisonnement suppose que le pays n'a point

(1) Genes. chap. xxxi, v. 22 et 23. Et au troisième jour on rapporta à Laban que Jacob s'en était fui. Alors il prit ses frères avec soi, et le poursuivit le chemin de sept journées, et l'atteignit en la montagne de Galaad.

(2) Genes. chap. xxxi, v. 17 et 18. Ainsi Jacob se leva, et mit ses enfants et ses femmes sur des chameaux, et mena devant soi tout son bétail......, et tout ce qu'il possédait et avait acquis en Paddan-Aram, etc.

changé de face, et qu'il a toujours été tel que nous l'avons vu, ce qui n'est pas improbable, puisqu'il y a peu d'endroits au monde qui paraissent moins sujets au changement que les déserts. Il ne semble pas non plus déraisonnable de conclure que Palmyre a toujours été pourvue d'eau comme elle l'est, et que son voisinage en a toujours eu le même besoin. Josèphe (1) dit que c'est pour cette raison que Salomon fit bâtir dans cet endroit-là. Les Perses, après s'être rendus maîtres de l'Asie, entreprirent en quelque sorte de fournir d'eau le désert (2), en accordant des terres en propriété pendant cinq générations à ceux qui y feraient venir de l'eau; mais les aquéducs souterrains qu'on fit pour cela, depuis le mont Taurus, étaient si exposés à être détruits qu'ils ne répondirent pas long-temps à la fin pour laquelle on les avait faits. On voit que, dans la guerre entre Arsace et Antiochus-le-Grand (3), chacun faisait son soin principal de s'assurer de l'eau du désert, sans quoi une armée ne pouvait pas le traverser.

Ses richesses dues au commerce des Indes.

Il est évident par l'histoire que le commerce des Indes orientales (4) a extrêmement enrichi tous les pays

(1) Antiq. Jud. lib. 8.

(2) A la vérité le désert dont Polybe fait ici mention, lib. 10, est plus au nord que celui de Palmyre; mais il est plus facile de fournir d'eau la partie septentrionale du désert que la méridionale.

(3) Polyb. ib.

(4) Prideaux connect.

par où ces marchandises ont passé depuis Salomon jusqu'à-présent. Il a été la source des richesses de ce prince, des Ptolomées, et certainement de Palmyre; on n'en saurait rendre raison autrement.

Il est probable que les Phéniciens commercèrent à Palmyre.

Les Phéniciens apprirent de bonne heure des Juifs, avec qui ils commerçaient, l'avantage du commerce des Indes. Il est très-probable qu'ils ne furent pas long-temps à découvrir qu'on pouvait le faire plus avantageusement par Palmyre, située plus commodément pour eux, et moins éloignée de leur capitale que de celle des Juifs.

Il est certain qu'avant que les Portugais découvrissent le cap de Bonne-Espérance, les marchandises des Indes passaient par l'Égypte et par la Mer-Rouge. Les villes d'Ezion-geber, de Rhinocolure et d'Alexandrie, étaient les foires différentes où l'on en faisait la vente, selon qu'elles passaient par les mains des Juifs, des Phéniciens et des Grecs; mais il y avait autrefois d'autres voies moins considérables par où elles venaient, comme il y en a encore aujourd'hui.

Le commerce des Indes est bas en Turquie, mais il n'est pas tout-à-fait ruiné.

Il est vrai que le commerce des Indes est à-présent bien bas dans ces pays-là, ce qui vient de la découverte de l'Amérique et du cap de Bonne-Espérance; mais sur-tout du mauvais gouvernement des Turcs, diamétralement opposé au véritable esprit du commerce. Cependant il en reste encore assez pour montrer ce qu'il pourrait être, si les affaires étaient administrées comme il faut; et en outre le commerce qui se fait au Caire et à Suez, les caravanes qui vont d'Alep et de Damas à Bassora, entretiennent encore de la correspondance entre ces villes; de sorte que je ne fais nul doute que si ce pays redevenait un jour le théâtre d'une société civile bien réglée, Palmyre ne redevînt aussi considérable par le commerce des Indes, quoique l'Égypte continuât toujours d'en être le grand canal.

Tentative pour le rétablir.

Quand nous étions en Égypte, le présent empereur d'Allemagne envoya au grand Caire une personne qui avait séjourné long-temps aux Indes, et qui était au fait du commerce de ce pays-là, pour voir quel commerce on pourrait faire entre la Toscane et la mer Rouge; ce commissionnaire nous dit qu'il n'irait pas alors à Suez, selon son plan, pour s'y embarquer pour la Mecque, à cause du présent gouvernement peu stable d'Égypte; mais que si la tranquillité y était une fois rétablie, et qu'il y eût de la sûreté pour les commerçants, on pourrait y faire un commerce considérable.

Mais quel que soit le temps auquel on conjecture que Palmyre est devenue un des canaux par où passaient les marchandises des Indes, il semble très-raisonnable d'attribuer l'opulence de cette ville à ce commerce, qui doit avoir considérablement fleuri avant la naissance de Jésus-Christ, comme l'on trouve par les inscriptions qu'environ ce temps-là les Palmyréniens étaient riches et donnaient dans le luxe; et comme Appian les appelle expressément commerçants en marchandises des Indes, du temps de Marc-

Antoine (1), il paraît qu'on n'en saurait plus douter. Je crois que c'est faute de faire attention à cette circonstance du commerce de Palmyre, et des richesses qu'il a pu produire, que les écrivains en ont jusqu'ici attribué les édifices aux successeurs d'Alexandre, ou aux empereurs romains, et qu'ils ont avancé cela comme quelque chose d'assez certain, plutôt que de supposer que les Palmyréniens en aient pu faire la dépense.

Comme les anciens auteurs gardent un silence entier sur ce période opulent et tranquille de l'histoire des Palmyréniens, on en peut conclure que, tout-à-fait appliqués au commerce, ils se mêlaient peu des querelles de leurs voisins, et qu'ils étaient assez sages pour ne point négliger les deux avantages évidents de la situation de leur ville, le commerce et la sûreté. Un pays où l'on mène une vie si paisible fournit peu de ces événements frappants que les historiens prennent plaisir à raconter (2). Le désert était à beaucoup

---

(1) De bel. civil. lib. 5.

(2) Les Agaréniens, peuple de l'Arabie heureuse, dont la capitale était située, comme celle des Palmyréniens, dans un désert stérile tout brûlé du soleil, se moquèrent des forces de deux empereurs romains victorieux, de Trajan et de Sévère, qui, après de vigoureux, mais inutiles efforts pour ajouter ce pays à leurs autres conquêtes en Orient, furent obligés de laisser les habitants en possession de leurs droits. Cette défense glorieuse de leur liberté comprend toute l'histoire des Agaréniens; et si ce n'eût été pour l'injustice et l'ambition de leurs ennemis, on ne saurait pas même qu'un peuple si brave et si puissant eût jamais existé. *Vide Dion. cass. in vit. Trajan.*

d'égards à Palmyre ce qu'est la mer à la Grande-Bretagne: il faisait ses richesses et sa défense. La négligence de ce double avantage rendit les habitants plus remarquables et moins heureux.

Quelles liaisons les Palmyréniens eurent avec les Romains.

On ne saurait guère déterminer d'une manière satisfaisante les liaisons particulières qu'ils eurent avec les Romains avant le temps d'Odénat, quand elles commencèrent, ni combien de fois elles furent interrompues. On a vu dans l'histoire précédente que la marque la plus ancienne de leur dépendance est qu'ils étaient une colonie romaine du temps de Caracalla. Le secours qu'ils donnèrent à Alexandre Sévère contre Artaxerxès prouve seulement qu'ils étaient ses alliés. On trouve des prénoms et même quelques noms romains dans les inscriptions; on y remarque qu'ils ont rasé en un endroit le nom d'une personne odieuse aux Romains, et qu'en d'autres endroits ils semblaient avoir acquiescé à la déification romaine, en donnant à deux de leurs empereurs, après leur mort, le titre de dieux. C'est au lecteur à juger si ce fut purement par courtoisie et par égard pour leurs amis et alliés qu'ils se conduisirent ainsi, ou si cela prouve qu'ils s'intéressèrent en effet à la religion et à la politique romaine.

On a vu qu'avant le temps de Justinien Palmyre était réduite à un état aussi bas que celui où nous l'avons trouvée, et qu'elle avait perdu sa liberté, son commerce, son bien et ses habitants, dans cet ordre naturel dans lequel les malheurs publics ont coutume de se suivre l'un l'autre.

Si la succession de ces calamités fut plus prompte qu'à l'ordinaire, on en peut trouver la raison dans la situation particulière de cette ville. Un pays sans terre, pour ainsi dire, ne pouvait subsister que par le commerce (1); l'industrie des habitants ne pouvait opérer que par cette voie, et la perte de leur liberté ayant entraîné celle du commerce, ils furent réduits à vivre sans rien faire du peu de leur capital qu'Aurélien avait épargné; quand cela fut dépensé, la nécessité les obligea à abandonner la ville. Pourquoi la ruine de Palmyre a été si prompte.

Quoi qu'il en soit, Justinien ne laissa pas d'être persuadé de l'utilité de cette ville, en qualité de place forte; utilité à jamais inséparable de sa situation, à moins qu'elle ne devienne le centre d'un grand empire, ce qu'il ne paraît pas qu'il y ait lieu d'espérer, puisque la nature lui a donné le désert pour limites, et qu'il continuera probablement à séparer différents états avec aussi peu d'interruption qu'il a fait depuis les temps les plus anciens qu'on en ait connaissance.

Si les Turcs semblent ne pas regarder cette ville dans ce point de vue, et par conséquent n'en pas connaître le prix et la négliger, il n'y a que la faiblesse des Perses qui en est cause, outre que les Arabes les Pourquoi elle est négligée, quoique place forte.

(1) Le peu d'exceptions qu'on peut alléguer contre cette opinion sont d'une nature si singulière qu'elles n'empêchent pas qu'elle ne soit vraie en général : si Jérusalem, ville capitale passablement bien habitée, subsiste sans commerce et sans agriculture, elle en est redevable à la dévotion singulière des Chrétiens, des Juifs et des Turcs.

incommoderaient un peu, s'ils voulaient y entretenir une garnison : mais il y a tout lieu de croire que, s'ils venaient à perdre Bagdad, la frontière la plus reculée qu'ils aient à-présent, ils fortifieraient Palmyre.

Il est difficile de deviner le siècle des édifices dont on voit les ruines par monceaux : mais il est évident qu'ils étaient d'une plus grande antiquité que ceux dont les ruines sont encore élevées en partie. Si l'on peut en juger en comparant l'état de dépérissement de ces édifices avec celui du monument de Jamblichus, on ne saurait s'empêcher de conclure qu'ils étaient extrêmement anciens; car cet édifice, qu'il y a 1750 ans qui est bâti, est le morceau d'antiquité le plus complet que j'aie jamais vu; les planchers et les escaliers en étant encore tout entiers, quoiqu'il consiste en cinq étages.

Par qui les édifices ont été élevés,

Mais il semble que les édifices que nous avons vus et mesurés ne sont ni l'ouvrage de Salomon, comme ont cru quelques-uns, ni celui des Séleucides, selon d'autres, et qu'il n'y en a que peu qui sont l'ouvrage de quelques empereurs romains : mais on peut conclure des inscriptions, qui sont en ce cas-ci la meilleure autorité qu'on ait, qu'ils ont presque tous été bâtis par les

Et quand.

Palmyréniens mêmes. Le monument élevé par Jamblichus semble être le plus ancien, et l'ouvrage de Dioclétien le moins : l'espace qu'il y a entre les deux est d'environ trois cents ans.

Les autres bâtiments riches et coûteux ont sans doute été élevés avant ce dernier, et probablement depuis le premier; peut-être environ le temps qu'Élabélus fit bâtir son monument.

Il est raisonnable de supposer que, quand des particuliers ont pu élever des monuments d'une si grande magnificence, simplement pour l'usage de leur famille, la ville, dans ce temps d'opulence, a été en état de faire la dépense immense de ses édifices publics.

On ne sait que croire des réparations d'Adrien ; celles que fit Aurélien sont considérables, et ont dû coûter beaucoup. C'est au lecteur à décider si les singularités du Temple du Soleil sont l'ouvrage de cet empereur : elles n'ont guère pu entrer dans le plan original de cet édifice.

Ce qui reste du mur ressemble assez à l'ouvrage de Justinien, et pourrait bien être les réparations dont parle Procope : il n'y a rien d'ailleurs dont l'antiquité remonte plus haut que le temps des Mamelus.

Pourquoi ils se sont si bien conservés.

Si les ruines de Palmyre sont les restes les plus considérables et les plus complets de l'antiquité que nous connaissions, cela vient sans doute de ce qu'il y a peu d'habitants dans le pays pour les gâter, de ce que le climat est sec, et de ce qu'étant éloignés des autres villes, on n'a pu en employer les matériaux à d'autres usages.

Religion des Palmyréniens.

On sait que la RELIGION des Palmyréniens était la payenne, et il paraît par la magnificence extraordinaire du Temple du Soleil, qu'ils rendaient un grand honneur à cette divinité : cela leur était commun avec les peuples de la Syrie, dont ils étaient les plus voisins.

Leur Gouvernement.

On voit, tant par l'histoire que par les inscriptions, que leur GOUVERNEMENT était républicain ; mais il ne reste rien du tout de leurs lois, de leur police, etc. Les inscriptions nous apprennent seulement les noms de quelques magistrats.

Les belles-lettres.

Quant à l'état où était chez eux la LITTÉRATURE, nous avons grande raison d'en juger favorablement : ils ne pouvaient laisser un exemple plus heureux de leur habileté en fait de littérature, que l'unique ouvrage qui nous reste d'eux, le Traité du Sublime de Longin (1).

Mœurs et coutumes.

On ne sait pas grand'chose de leurs MANIÈRES ni de leurs COUTUMES. On voit dans Pollio que Zénobie, nonobstant ses vertus militaires, donnait un peu dans le luxe des Perses. Le même auteur rapporte qu'Hérodes, fils d'Odénat, était *Homo omnium delicatissimus et prorsus Orientalis et Græcæ luxuriæ.*

Adresse à monter à cheval et à manier l'arc.

On a vu, dans la première partie de ces recherches (page 11), que l'art de monter à cheval était tenu en grande estime dans ce pays, comme il l'est encore par les Arabes; et Appian nous assure que les Palmyréniens étaient experts à manier l'arc (2).

L'agriculture nécessairement ignorée à Palmyre.

Il paraît évidemment par leur situation qu'ils ne pouvaient pas s'employer beaucoup à l'agriculture, ni prendre plaisir à améliorer leurs terres. Aussi est-ce pour cela qu'il est plus aisé de rendre raison de la ma-

---

(1) Il n'est pas certain que Longin fût Palmyrénien, quoiqu'il soit très-probable qu'il était de Syrie. Mais qu'est-ce qui prouve davantage l'état florissant des lettres dans un pays, ou d'avoir produit un grand génie, ou de l'avoir protégé, maintenu et honoré?

(2) « Appian de Bell. Civil. lib. 5. »

gnificence extraordinaire de leur ville, puisqu'il fallait sans doute qu'elle fût le centre de leurs plaisirs, de même que de leurs affaires.

Point de restes de place pour des jeux ou exercices.

On n'est pas peu surpris de ne point trouver de restes de théâtre, de cirque, ni d'aucune place pour des jeux et des exercices, chez un peuple si confiné par sa situation dans ses récréations, quand on considère que les Grecs et les Romains aimaient ces divertissements à l'excès. De tous les anciens édifices ce sont ceux-là qui résistent davantage aux injures du temps. Nous avons vu dans l'Asie-Mineure seule plus de vingt théâtres de marbre, la plupart encore presque entiers.

Il est néanmoins probable qu'il y en avait.

Néanmoins, comme on trouve la fonction de Ἀγοράνομος, ou d'Édile, dans les inscriptions, on peut en inférer qu'il y avait des jeux publics à Palmyre. Le soin de ces jeux était du ressort de ce magistrat, qui n'avait originairement que la direction du marché. Il est d'autant plus probable que cette fonction renfermait ces deux emplois, qu'il semble que Zénobius a été complimenté pour s'en être acquitté avec libéralité (1) : vertu populaire, et qu'on attendait de celui qui avait soin des jeux, quoiqu'on ne voie pas comment il pouvait la pratiquer dans la direction du marché.

Sépulcres.

Il paraît que les Palmyréniens tenaient de l'Égypte la magnificence extraordinaire des monuments pour leurs morts : il n'y a point de peuple qui ait approché davantage des Égyptiens dans cette sorte de dépense.

(1) « Inscrip. IX. »

Zénobie était originairement d'Égypte; elle en parlait la langue à merveille, et elle affectait fort d'imiter en plusieurs choses Cléopâtre, une de ses ancêtres : mais il est manifeste qu'avant le temps de cette reine ils avaient emprunté plusieurs coutumes de ce pays. Nous fûmes fort surpris de découvrir des momies dans leurs monuments funèbres. Nous avions été en Égypte quelques mois auparavant; et en comparant le linge et le baume des momies de ce pays, la manière de les emmaillotter, et tout ce qui les concerne, avec celles de Palmyre, nous trouvâmes la méthode d'embaumer les corps exactement la même (1).

Art d'embaumer.

Les Arabes nous contèrent qu'il y avait autrefois quantité de ces momies dans tous les sépulcres; mais qu'ils les avaient cassées dans l'espérance d'y trouver quelque chose de précieux. Nous leur offrîmes de les récompenser de leurs peines, s'ils voulaient en chercher une entière. Nous espérions voir quelque chose de curieux dans le cercueil, ou y trouver peut-être des hiéroglyphes; mais ils l'entreprirent en vain, et nous fûmes frustrés dans notre attente. Entre autres fragments que nous avons emportés, est une chevelure de femme, tressée exactement de la même manière que les femmes arabes d'aujourd'hui ont coutume de porter leurs cheveux.

Le peu que nous venons de rapporter suffit pour

(1) Témoins les morceaux que nous avons emportés, dont M. Dawkins est possesseur.

faire voir que les Palmyréniens imitaient de grands modèles dans leurs manières, dans leurs vices et dans leurs vertus. Les coutumes qu'ils observaient dans leurs funérailles venaient d'Égypte; leur luxe, de Perse; leurs lettres et leurs arts, de Grèce. Comme ils étaient situés au milieu de ces trois grandes nations, on peut raisonnablement supposer qu'ils en avaient adopté plusieurs autres coutumes et manières. Mais ce serait trop s'abandonner à de simples conjectures que d'en dire davantage sur ce sujet avec si peu de matériaux: ce privilége semble plutôt appartenir au lecteur.

Qu'il est fâcheux de n'en pas savoir davantage d'un pays qui a laissé de tels monuments de sa magnificence, qui a eu pour reine Zénobie, et Longin pour premier ministre!

INSCRIPTIONS.

Les anciennes inscriptions que nous avons trouvées à Palmyre sont toutes grecques ou palmyréniennes, hormis une qui est latine. La plupart des inscriptions grecques ont été publiées par des négociants anglais d'Alep, avec quelques erreurs à la vérité, mais telles que le sens n'en souffre pas visiblement, et qu'elles ne l'embrouillent point. Le docteur Halley a fait quelques remarques sur ces inscriptions, et M. Seller un commentaire, dans lequel il prend la liberté de corrompre la vraie manière de lire, pour favoriser ses conjectures.

C'est plutôt pour corriger les erreurs des commentateurs que celles de la première copie, que nous publions ces inscriptions. Nous les accompagnerons de quelques remarques qui nous ont frappé dans notre voyage, dans la vue de les préparer pour un examen plus critique; et, en commençant par celles qui ont des dates, nous les arrangerons ici suivant leur antiquité.

I. Sur l'architrave de la porte du mausolée le plus entier, qui est dans la vallée * par où nous arrivâmes à Palmyre: cette inscription est répétée plus haut, et en plus gros caractère, sur la façade du même bâtiment.

* Voy. Pl. II, chiffre 41.

Les lettres *c. ω. e.* sont employées pour Σ. Ω. E., tant

dans cette inscription que dans toutes les autres qu'il y a à Palmyre. Comme cela contredit une règle établie par les antiquaires, qui ont décidé qu'on ne trouve point ces lettres dans cette forme sur aucune monnaie ni sur aucun marbre avant le temps de Domitien, nous avons examiné avec grand soin la date $\overline{\Delta}\,\overline{I}\,\overline{Y}$, qui est très-lisible dans les inscriptions; et en la lisant de droite à gauche (l'unique manière que les dates de Palmyre sont intelligibles), on trouve la 314me année de l'ère * de Séleucus, ce qui répond à la 3me de J.-C.

* Voyez Inscript. IX.

Nous avons pris sur les marbres, aussi exactement qu'il nous a été possible, la forme du caractère, qui est mauvais, et nous avons gardé le même nombre de lignes. On ne sait si c'est aux méprises du graveur, ou à l'ignorance de la langue grecque où l'on était à Palmyre, qu'il faut attribuer la mauvaise orthographe, et les différentes manières d'écrire le même mot, qu'on remarque si fréquemment dans ces inscriptions. Longin se plaint qu'il avait de la peine à y trouver quelqu'un pour copier le grec.

II. Sur la façade du mausolée * dont nous avons donné le plan, l'élévation et les ornements. Outre que nous n'avons point eu de peine à la lire, la grammaire et le sens autorisent si évidemment la différence de cette copie d'avec celle qui a déja été publiée, que nous n'entreprendrons pas de la défendre.

* Voyez Planches LV, LVI, LVII.

III. Sur le fût de la grande colonne marquée F dans la planche XLIII. Si nous ne nous trompons fort, il est plus difficile d'entendre cette inscription que de la traduire; c'est ce qui paraît en la rendant à la lettre, ce qu'on peut faire plus aisément en latin ainsi : *Senatus populusque Alialamenem, Pani filium, Mocimi nepotem, Æranis pronepotem, Mathæ abnepotem et Æranem patrem ejus, viros pios et Patriæ amicos et omnimodo placentes patriæ patriisque diis, honoris gratia* * *anno* 450 *mense Aprili.*

* Videlicet *posuerunt.*

La difficulté vient de ce qu'Æranes est appelé père d'Alialamènes, lequel est appelé fils de Panus.

IV. Sur un piédestal bien proportionné, sur lequel il y a une base attique, taillée du même morceau de marbre : ce piédestal est dans l'endroit où les Arabes enterrent leurs morts. L'inscription semble marquer des honneurs rendus à quelqu'un par le sénat; mais ils n'ont pas été aussi durables que nous souhaiterions. Nous lui donnons ici une place, parce que le fragment qui en reste confirme une partie de l'inscription que Gruter a publiée. Il n'y a point de doute que le mot Περιτιω ne soit le mois macédonien qui répondait à notre mois de février.

* Voyez Planche XIV.

V. Dans la cour du temple du Soleil, sur un des piédestaux saillants du fût des colonnes, et où il y avait des statues.

Quoiqu'il y ait dans cette inscription des mots qui ne paraissent pas fort intelligibles, cependant nous ne doutons point que ceux qui ont le temps de la considérer ne trouvent qu'elle a rapport à l'ancien commerce et aux coutumes de Palmyre. L'histoire nous apprend qu'il y avait autrefois dans ce pays, comme il y en a encore aujourd'hui, de petits princes qui vivaient de rapines (1); ce qui faisait qu'il était dangereux pour les commerçants de voyager, à moins qu'ils ne le fissent en compagnie, et escortés comme le sont à-présent les caravanes. Nous conjecturons que la personne dont il est fait mention dans cette inscription, était directeur ou commandant d'une telle caravane Συνοδιάρχης, et que les négociants qui commerçaient à Vologésias sur l'Euphrate, à dix-huit milles au-dessous de Babylone (2), lui firent élever une statue en considération des services qu'il leur avait rendus en protégeant leurs caravanes. L'inscription XVIII, qui rapporte la raison pourquoi un particulier reçut cet honneur du sénat, remarque, entre autres services qu'il avait rendus au public, celui d'avoir protégé les caravanes (συνοδιας) à ses propres dépens, et que les principaux ou présidents des commerçants lui en avaient donné un témoignage. On trouve quelque chose dans le même genre dans

---

(1) Ce que Strabon rapporte à ce sujet représente si exactement ce qui se passe aujourd'hui dans ce pays, qu'on ne nous saura peut-être pas mauvais gré de l'insérer ici. Τὰ δὲ πρὸς μεσημβρίαν κεκλιμένα τῆς Μεσοποταμίας καὶ ἀποτέρω τῶν ὀρῶν, ἄνυδρα καὶ λυπρὰ ὄντα ἔχουσιν οἱ Σκηνῖται Ἄραβες, λῃστρικοί τινες καὶ ποιμενικοὶ, μεθιστάμενοι ῥᾳδίως εἰς ἄλλους τόπους, ὅταν ἐπιλείπωσιν αἱ νομαὶ, καὶ αἱ λεηλασίαι.......... Διὰ δὲ τῶν Σκηνιτῶν ὑπὸ τῶν Μαλίων νυνὶ λεγομένων, καὶ τῆς ἐκενων ἐρημίας, ἡ ὁδὸς τοῖς ἐκ τῆς Συρίας εἰς Σελεύκειαν, καὶ Βαβυλῶνα ἐμπορευομένοις ἐστίν.......... Παρέχουσι δ' αὐτοῖς οἱ Σκηνῖται τήν τε εἰρήνην, καὶ τὴν μετριότητα τῆς τῶν τελῶν πράξεως, ἧς χάριν φεύγοντες τὴν παραποταμίαν, διὰ τῆς ἐρήμου παραβάλλονται. καταλιπόντες ἐν δεξιᾷ τὸν ποταμὸν· ἡμερῶν σχεδόν τι τριῶν ὁδόν. Οἱ γὰρ παροικοῦντες ἑκατέρωθεν τὸν ποταμὸν Φύλαρχοι, χώραν οὐκ εὔπορον ἔχοντες, ἧττον δὲ ἄπορον νεμόμενοι, δυναστείαν ἕκαστος ἰδίᾳ παραβεβλημένος, ἴδιον καὶ τελώνιον ἔχει, καὶ τοῦτ' οὐ μέτριον. Χαλεπὸν γὰρ ἐν τοῖς τοσούτοις, καὶ τοῖς αὐθάδεσι κοινὸν ἀφορισθῆναι μέτρον τὸ τῷ ἐμπόρῳ λυσιτελές. Strab. lib. XVI.

(2) Les tables de Peutinger.

l'inscription XIII; si l'on y ajoute l'inscription X, elle contribuera à éclaircir le sens de celle-ci.

VI. Sur un autel dédié à Jupiter.

Nous l'avons trouvé tout près de la grande fontaine *, qui est sans doute la même appelée Ephca dans l'inscription, et dont Bolanus fut choisi lieutenant. Cette fonction doit avoir été importante à Palmyre, où une telle fontaine était si nécessaire à la subsistance et aux plaisirs des habitants. M. Seller a changé la vraie manière de lire Ephca en Aphaca, pour soutenir une opinion fort singulière, savoir, qu'on veut ici parler de cette fontaine fameuse par les oracles qui s'y rendaient, qui était près du temple de Vénus, entre Héliopolis et Byblus, où se dévouèrent long-temps les femmes du mont Liban, célèbres pour leur beauté et pour se prostituer. Jusqu'ici on a supposé que les dernières lettres du mot Βωμον, de la troisième ligne, appartenaient à la seconde, et on les a expliquées en conséquence de cette supposition. Presque par-tout où le commentateur a pris la liberté de changer la manière de lire ces inscriptions, ou d'en remplir quelque lacune, il en a perverti le sens. Nous ne parlons ici en général de ces bévues, que pour faire voir qu'on doit se défier des soins que prennent les gens de lettres pour rétablir le sens imparfait des marbres et des manuscrits; car il est facile à une imagination vive de trouver des raisons plausibles pour corriger ou pour suppléer; mais on est en ce cas la dupe de son esprit.

* Voy. Pl. II, chiffre 32.

VII. L'uniqne inscription déja publiée que nous n'avons pas pu trouver.

On l'a copiée de l'un de ces piédestaux * saillants du fût des colonnes dont nous avons déja parlé. Ce n'est point une inscription de sépulcre, comme l'on s'est imaginé; mais elle signifie que Soræchus fit ériger une statue à sa femme Marthe.

* Voyez Planche XIV.

VIII. Sur un autel que nous avons porté en Angleterre.

Cet autel a une inscription palmyrénienne d'un autre côté. Il semble que les deux dernières lettres signifient le 24 du mois. Si cela est, il ne faut pas les lire comme les autres dates, mais à l'ordinaire, de gauche à droite.

IX. Sur le fût d'une colonne du grand portique, où il semble que toutes les inscriptions étaient sous des statues.

Il est clair que le mot où il manque une lettre est ὀλίγων, et non οἰκείων, selon le docteur Hallcy, ni των ἰδίων, selon Seller. Il y a un mot de rasé exprès dans l'inscription grecque et dans la palmyrénienne * qui est au-dessous. On a coté cette inscription dans l'histoire ancienne de Palmyre. Voici l'usage que le docteur Halley a fait voir qu'on en peut faire d'ailleurs.

* Voy. la VIe inscription palmyrén[ne].

« L'ère, ou la manière de compter les années, que « les Palmyréniens ont suivie dans ces inscriptions, est « évidemment celle de Séleucus, appelée ensuite l'ère « Dhilcarnienne (c'est-à-dire des ou aux deux cornes) « par les Arabes, qui s'en sont servi pendant plus de

« 900 ans de l'ère chrétienne (comme il paraît par les « observations d'Albatani, publiées dans les transactions « philosophiques, nombre 204), et non celle de la mort « d'Alexandre. C'est ce qui peut se démontrer par cette « inscription, où l'on donne le titre de ΘΕΟΣ à Alexandre « Sévère, c'est-à-dire, après la mort ou la consécration « de cet empereur, ou après l'an 234 de J.-C.; et du « nom de Jule, qui était préfet du prétoire quand cette « inscription fut posée, et qui ne pouvait être une autre « personne que Jule Philippe l'Arabe, que les Palmy- « réniens pouvaient fort bien regarder comme leur « compatriote, il s'ensuit que ce fut la dernière année « de Gordien, l'an 242 ou 243 de J.-C. Cet empereur « étant peu après assassiné par la perfidie de ce Phi- « lippe qui lui succéda, et son crime venant ensuite « à être découvert, il n'est pas surprenant qu'on ait « rasé exprès son nom dans cette inscription. La date « (l'an 554) prouve que le commencement de cette « manière de compter 311 ou 312 ans avant J.-C., se « rencontre avec l'ère de Séleucus, qui était aussi suivie « par plusieurs autres villes d'Orient. »

X. Au grand portique.

Il ne vaut pas la peine de discuter les corrections de M. Seller ni ses conjectures au sujet de cette inscription; mais voici la remarque du docteur Halley: κατελθόντες « εἰς Ὀλογεσιάδα ενπορσιαν ἔςησαν, *descendentes (ad) Vologesiada « commercium stabiliverunt anno* 558, *sive anno Christi* « 247. Par où il paraît que ce peuple, dont le commerce

« avait été interrompu par les guerres qu'il y eut entre « les Romains et les Perses, envoya alors une ambassade « à la cour de Sapor, roi de Perse, pour le faire réta-« blir : ce qui fut fait selon ses desirs. »

Nous sommes portés à croire que cette inscription a un sens bien différent, puisqu'en divisant les mots ainsi, εμποροι ἀνεϛησαν, elle peut signifier que les commerçants érigèrent une statue à Julius Aurelius, etc., en reconnaissance de ce qu'il les accompagnait à Vologésias. Voyez l'inscription V.

XI. Les trois premières lignes de cette inscription sont sur un piédestal du grand portique, le reste, qui est imparfait, se trouve sur le fût de la colonne au-dessous.

Quoiqu'on les ait publiées comme deux inscriptions séparées, nous nous imaginons que le tout n'en fait qu'une, qui peut signifier, que la statue du sénateur Septimius Æranes a été érigée en cet endroit par un soldat en honneur de son patron : car c'est ainsi que nous voudrions qu'on suppléât aux lettres qui manquent dans l'avant-dernière ligne, πατρώνου τειμῆς.

XII et XIII. Au grand portique.

Nous les insérons ici principalement afin qu'elles puissent servir à expliquer les inscriptions palmyréniennes qui se trouvent au-dessous.

XIV. Au grand portique.

XV. Nous nous imaginons que cette inscription et les quatre suivantes, toutes au grand portique, se rapportent à la même personne. Nous croyons aussi que les dates des deux dernières, savoir de la 18e et 19e, qui ne sont pas lisibles, ne différaient que de peu de la date de celle-ci et des 16e et 17e, et que ces cinq inscriptions sont les moins anciennes que nous ayons vues en grec à Palmyre. Notre raison en est que le titre de σεϐαςοσ (Augustus), qu'on ne trouve que dans ces inscriptions, ne peut s'appliquer qu'à Odénat, qui obtint la pourpre impériale l'année d'avant la plus ancienne de ces dates, et qui ne jouit que très-peu de temps de cet honneur. Si, durant son court règne, on trouve tant d'inscriptions à l'honneur de Septimus Vorodes, on peut croire que c'était à cause de son haut rang, en qualité de επιτροπος σεϐαςου Δουκεναριος, ce qui doit l'avoir rendu très-considérable, sur-tout pendant l'absence d'Odénat, qui était presque toujours en campagne. Le docteur Halley est d'opinion que les Romains, qui possédèrent Palmyre peu de temps après, épargnèrent ces monuments honoraires, parce qu'il était favori d'Odénat, leur ami : mais qu'ils effacèrent tout ce qui faisait mention de Zénobie et de Vaballathus.

XVI. Comme nous craignions de nous être trompés au sujet du mot singulier, αργαπετην, nous avons examiné les marbres une seconde fois ; mais nous avons trouvé que nous l'avions copié juste, tant dans cette inscription que dans la suivante : ainsi la correction du docteur Halley, qui veut qu'on lise αρταγετην, n'est pas de mise.

XVII. Le compliment qu'un chevalier romain fit à Septimus Vorodes, en l'appelant son patron (Προςατην), semble être encore une preuve de son haut rang.

XVIII. Voyez l'inscription V. Le docteur Halley conjecture que le dernier mot de la quatrième ligne est χρεοδοτην, distributeur de la munificence de l'empereur au peuple.

XIX. Nous insérons cette inscription parce qu'elle peut servir à expliquer la palmyrénienne qui est au-dessous.

XX. Sur un piédestal de la même sorte que ceux dont nous avons déjà parlé, saillant du fût d'une des colonnes du petit temple (*).

Quoique cette inscription soit sans date, le sujet fait assez voir qu'elle a été posée, après la mort d'Adrien, à l'honneur du secrétaire de Palmyre, pour des services rendus quand cet empereur était en Syrie.

XXI. Sur le fût d'une grosse colonne, représentée planche II, chiffre 30.

Cette inscription et la suivante n'ont point de dates.

XXII. Sur un piédestal saillant d'une colonne dans la cour du temple du Soleil.

XXIII et XXIV. Au grand portique.

XXV. Sur un piédestal saillant de la colonne voisine de celle sur laquelle est l'inscription XXII.

XXVI. Sur une architrave tout-à-fait semblable à celle dont nous avons copié la première inscription, et qui sans doute appartenait à un mausolée.

Le docteur Halley croit que ce pourrait bien être Odénat qui fit bâtir ce Mausolée avant d'avoir obtenu

* Voyez Pl. XXVIII.

la dignité impériale : mais il semble qu'il n'y a que le nom qui puisse autoriser cette opinion.

XXVII. Nous avons copié cette inscription latine, qui est imparfaite et en mauvais caractère, d'une architrave rompue, qui appartenait à l'édifice représenté planche XLV. Nous croyons que c'est un ouvrage de Dioclétien, et que le mot *castra* n'a pas rapport aux fortifications de Cercusium, comme quelques-uns le pensent, mais à Palmyre, qu'Étienne appelle φρούριον.

Il y a si peu de gens qui peuvent prendre plaisir à des inscriptions en une langue inconnue, qu'il convient de faire savoir les raisons que nous avons de donner à celles de Palmyre une place dans cet ouvrage. Le premier échantillon de ces caractères qui ait été rendu public, est l'inscription qui se trouve dans Gruter. Elle a été copiée d'un marbre qu'il y a à Rome, et republiée par Spon, qui en a donné une autre dans la même langue. Le docteur Halley, trouvant entre ces deux copies de la même inscription une différence qu'il ne pouvait accorder, fit visiter exprès la pierre, et tirer exactement la figure des lettres ; moyennant quoi, et deux autres inscriptions apportées de Palmyre par les commerçants anglais d'Alep, il espérait trouver un jour l'alphabet de cette langue. Bernard (1), Smith, Rhenferdius (2) et quelques

(1) « Inscriptiones Græcæ Palmyrenorum cum scholiis et annota- « tionibus Edwardi Bernardi et Tho. Smith. »

(2) « Periculum Palmyrenum. »

quelques autres, se sont appliqués à faire cette découverte; mais ils n'ont pu y réussir, peut-être faute d'assez de matériaux sur lesquels ils pussent travailler (1). C'est uniquement pour satisfaire la curiosité de ces personnes-là, et non la nôtre, que nous avons copié ces inscriptions; et c'est aussi dans ce motif que M. DAWKINS a apporté trois de ces marbres-là en Angleterre.

Nous avons mis ces inscriptions dans l'ordre dans lequel nous croyons qu'on doit les lire, de droite à gauche. Le petit chiffre marque le nombre de l'inscription grecque, copiée du même marbre que la palmyrénienne, et dont elle est sans doute la traduction; ce qui paraît, parce qu'en examinant les inscriptions grecque et palmyrénienne, copiées de la même colonne, on trouve que les caractères palmyréniens qui semblent répondre à un mot grec, sont répétés toutes les fois que ce mot se retrouve. C'est ce qui se remarque très-particulièrement dans les huitième et neuvième inscriptions palmyréniennes, dont les deux premières lignes et le commencement de la troisième sont exactement les mêmes; et on en trouve autant de même dans les deux inscriptions grecques qui y répondent. De plus, il y a un mot de rasé exprès dans la neuvième inscription grecque; et il y en a aussi un de rasé dans la même partie de la palmyrénienne qui est au-dessous.

(1) Voyez la dissertation de l'abbé Renaudot sur ces inscriptions, dans les Mémoires de l'Académie des Inscriptions et des Belles-Lettres.

M. Dawkins a en sa possession les marbres des trois premières inscriptions palmyréniennes ; nous avons copié la onzième et la douzième d'un mausolée où elles sont au-dessous des têtes représentées pl. LVII, et la treizième d'un autel ; la huitième et la neuvième sont imparfaites, la fin en étant trop effacée pour pouvoir être copiée. Les petits points qu'on voit dans quelques endroits de ces inscriptions signifient que le marbre a un peu souffert dans cet endroit-là. Il y a peu d'inscriptions grecques à Palmyre qui n'en aient une autre au-dessous dans la langue du pays ; on trouve quelquefois l'inscription palmyrénienne seule ; mais nous n'avons voulu copier que celles qui sont passablement bien préservées.

Marmora Palmyrena.

I.

ΜΝΗΜΕΙΟΝΑΙΩΝΙΟΝΓΕΡΑΣΩΚΟΔΟΜΗΣΕΝΙΑΜΛΙΧΟΣΜΟΚΕΙΜΟΥΤΟΥΚΑΙΑΚΚΑΛΕΙΣΟΥ
ΤΟΥΜΑΛΙΧΟΥΕΙΣΤΕΕΑΥΤΟΝΚΑΙΥΙΟΥΣΚΑΙΕΓΓΟΝΟΥΣΕΤΟΥΣΔΙΤΜΗΝΙΞΑΝΔΙΚΩ

II.

ΤΟΜΝΗΜΕΙΟΝΕΚΤΙΣΑΝΕΛΑΒΗΛΟΣΜ
ΑΝΝΑΙΟΣΣΟΧΑΙΕΙΣΜΑΛΙΧΟΣΟΥΑΒΑΛ
ΛΑΘΟΥΤΟΥΜΑΝΝΑΙΟΥΤΟΥΕΛΑΒΗΛΟΥΑΥΤ
ΟΙΣΚΑΙΥΙΟΙΣΕΤΟΥΣΔΙΥΜΗΝΟΣΞΑΝΔΙΚΟΥ

III.

ΗΒΟΥΛΗΚΑΙΟΔΗΜΟΣΑΛΙΑΛΑΜΕΙΝΑΠΑΝΟΥ
ΤΟΥΜΟΚΙΜΟΥΤΟΥΑΙΡΑΝΟΥΤΟΥΜΑΘΘΑΚΑΙ
ΑΙΡΑΝΗΝΤΟΝΠΑΤΕΡΑΑΥΤΟΥΕΥΣΕΒΕΙΣΚΑΙ
ΦΙΛΟΠΑΤΡΙΔΑΣΚΑΙΠΑΝΤΙΤΡΟΠΩ··
ΣΙΜΩΣΑΡΕΣΑΝΤΑΣΤΗΠΑΤΡΙΔΙΚΑΙ
ΤΟΙΣΠΑΤΡΙΟΙΣΘΕΟΙΣΤΕΙΜΗΣΧΑΡΙΝ
ΕΤΟΥΣΝΥΜΗΝΟΣΞΑΝΔΙΚΟΥ

IV.

ΗΒΟΥΛΗ
ΑΟ·ΑΛΕΙΝΑΙΡΑΝΟΥΤΟΥΣΑΒΑΤΟΥ
ΝΟΥΤΟΥΒΩΝΝΕΟΥΣΕΠΑΝΓΕΙ
Ν⁀ΝΑΥΤΗΕΠΙΔΟΣΙΝΑΙΩΝΙΑΝ
ΙΘΥΣΙΑΝΚΑΙ‿···ΑΙ··ΘΕ·ΑΤΑ
ΛΑΧΒΗΛΩΚΑΙ·ΣΧΗΟΑΜΕΙΟΣΚ
Ι,ΑΤΕΙΠΑΤΡΩΟΙΣΘΕΟΙΣΤΕΙΜΗΣΚΑΙ
·ΝΗΜΗΣΧΑΡΙΝΕΤΟΥΣΑΝΥΠ··Ι·Ω

V.

ΝΕΣΗΛΑΛΤΟΥΝΕΣ

ΝΕΣΗΛΑΛΤΟΥΝΕΣΗΤΟΥΑΛΑΤΟΥΡΕΦΕΛΟΥ
ΤΟΥΑΡΙΣΣΕΟΥΣΥΝΟΔΙΑΡΧΗΝΟΙΣΥΝΑΝΑΒΑΝ
ΤΕΣΜΕΤΑ·ΤΟΥΕΜΠΟΡΟΙΑΠΟΦΟΡΑΘΟΥΚΕ
ΟΛΑΓΑΣΙΑΔΟΣΤΕΙΜΗΣΚΑΙΕΥΧΑΡΙΣΤΕΙΑΣ
ΕΝΕΚΕΝΕΤΟΥΣΓΝΥΜΗΝΟΣΞΑΝΔ····

VI.

ΔΙΙΥΨΙΣΤΩΜΕΓΙΣΤΩΚΑΙΕΠΗΚΟΩΒΩΛΑΝΟΣΖΕΝΟΒΙΟΥ
ΤΟΥΑΙΡΑΝΟΥΤΟΥΜΟΚΙΜΟΥΤΟΥΜΑΘΘΑΕΠΙΜΕΛΗΤΗΣ
ΑΙΡΕΘΕΙΣΕΦΚΑΣΠΗΓΗΣΥΠΟΙΑΡΙΒΩΛΟΥΤΟΥΘΕΟΥΤΟΝΒΩ
ΕΞΙΔΙΩΝΑΝΕΘΗΚΕΝΕΤΟΥΣΔΟΥΜΗΝΟΣΥΠΕΡΒΕΡΕΤΑΙΟΥΚ

VII.

ΜΑΡΘΕΙΝΑΛΕΞΑΝΔΡΟΥΤΟΥ
ΚΑΠΑΔΗΤΟΥΟΥΑΒΑΛΛΑΘΟΥ
ΤΟΥΣΥΜωΝΟΥΣΟΡΑΙΧΟΣΑΙΡΑΝΟΥ
ΑΝΗΡΑΥΤΗΣΜΝΗΜΗΣΕΝΕΚΕΝ
ΜΗΝΕΙΔΥΣΤΡΩΤΟΥϞΥΕΤΟΥΣ

VIII.

ΔΙΙΥΨΙΣΤΩΚΑΙ·
ΠΗΚΟΩΙΙΟΥΑΥΡ·
ΝΤΙΠΑΤΡΟΣΟΚΑΙ
ΑΜΕΙΤΟΥΖΗΝΟΒΙ
ΟΥΤΟΥΑΚΟΠΑΟΥ(
ΕΥΞΑΜΕΝΟΣΑΝΕ
ΘΗΚΕΝΕΤΟΥΣΔΜΦ
ΑΥΔΥΝΑΙΟΥΚΔ

IX.

ΗΒΟΥΛΗΚΑΙΟΔΗΜΟΣ
ΙΟΥΛΙΟΝΑΥΡΗΛΙΟΝΖΗΝΟΒΙΟΝ
ΤΟΝΚΑΙΖΑΒΔΙΛΑΝΔΙΣΜΑΛ
ΧΟΥΤΟΥΝΑΣΣΟΥΜΟΥΣΤΡΑΤΗ
ΓΗΣΑΝΤΑΕΝΕΠΙΔΗΜΙΑΘΕΟΥ
ΑΛΕΞΑΝΔΡΟΥΚΑΙΥΠΗΡΕΤΗ
ΣΑΝΤΑΠΑΡΟΥΣΙΑΔΙΗΝΕΚΕΙ
ΡΟΥΤΙΛΛΙΟΥΚΡΙΣΠΕΙΝΟΥΤΟΥ
ΗΓΗΣΑΜΕΝΟΥΚΑΙΤΑΙΣΕΠΙΔΗ
ΜΗΣΑΣΑΙΣΟΥΗΞΙΛΛΑΤΙΟΙΣΙΝΑ
ΓΟΡΑΝΟΜΗΣΑΝΤΑΤΕΚΑΙΟΥΚΟΛΙ
·ΩΝΑΦΕΙΔΗΣΑΝΤΑΧΡΗΜΑΤΩΝ
ΚΑΙΚΑΛΩΣΠΟΛΕΙΤΕΥΣΑΜΕΝΟΝ
ΩΣΔΙΑΤΑΥΤΑΜΑΡΤΥΡΗΘΗΝΑΙ
ΥΠΟΘΕΟΥΙΑΡΙΒΟΛΟΥΚΑΙΥΠΟΙΟΥ
ΛΙΟΥ ΤΟΥΕΞΟΧΩΤΑ
ΤΟΥΕΠΑΡΧΟΥΤΟΥΙΕΡΟΥΠΡΑΙΤΩ
ΡΙΟΥΚΑΙΤΗΣΠΑΤΡΙΔΟΣΤΟΝΦΙΛΟ
ΠΑΤΡΙΝΤΕΙΜΗΣΧΑΡΙΝΕΤΟΥΣΔΝΦ

X.

ΙΟΥΛΙΟΝΑΥΡΗΛΙΟΝΖΕΒΕΙΔΑΝ
ΜΟΚΙΜΟΥΤΟΥΖΕΒΕΙΔΟΥ
ΑΣΘΩΡΟΥΒΑΙΔΑΟΙΣΥΝΑΥΤΩ
ΚΑΤΕΛΘΟΝΤΕΣΕΙΣΟΛΟΓΕΣΙ
ΑΔΑΕΝΠΟΡΟΙΑΝΕΣΤΗΣΑΝΑΡΕ
ΣΑΝΤΑΑΥΤΟΙΣΤΕΙΜΗΣΧΑΡΙΝ
ΞΑΝΔΙΚΩΤΟΥΗΝΦΕΤΟΥΣ

XI.

ΣΕΠΤΙΜΙΟΝΑΙΡΑΝΗΝΟ
ΔΑΙΝΑΘΟΥΤΟΝΛΑΜΠΡΟ
ΤΑΤΟΝΣΥΝΚΛΗΤΙΚΟΝ

ΕΞ ΝΩΝ
ΑΥΡΗΛΙ ΡΗΛΙ
ΟΔΟΡΟΥ ΣΤΡΑΤΙΩ
ΤΗΣΛΕΓ ΚΗΣΤΟΝ
ΠΑΤΡΩΝ··· ΕΙΜΗΣΚΑΙΕΥΧΑ
ΡΙΣΤΙΑΣΧΑΡΙΝΕΤΟΥΣΓΞΦ

XII.

ΟΥΛΙΟΝ
ΣΕΛΕΥ
ΚΟΝ ΣΕΕΙΛΑ
ΔΥ ΩΣ
ΣΤΡΑΤ ΜΑΡΤΥ
ΡΗΘΝ ΤΕΙΜΗΣ
ΑΜΕΝ ΡΑΤΙΣΤΗ
ΒΟΥΛΗΑ ΜΥΡΙΑΣ
ΤΕΙΜΗΣΕΝΕΚΕΝΕΤΟΥΣ
ϚΞΦΥΠΕΡΒΕΡΕΤΑΙΩ

XIII.

ΗΒΟΥΛ ΟΥΛΙΟΝ
ΑΥΡΗΛΙΟ ΑΘΟΝ
ΜΑΛΗ ΡΧΕΜΠΟΡΟΝ
ΑΝΑΚΟΜΙΣ ΣΥΝΟΔΙΑΝ
ΠΡΟΙΚΑΕΞΙΔΙΩΝΤΕΙΜΗΣΧΑΡΙΝ
ΕΤΟΥΣΘΞΦ

Marmora Palmyrena.

XIV.

ΥΠΙΑΙΟΝΟΥΟΡΩΔΗΝ
ΙΠΠΙΚΟΝΚΑΙΒΟΥΛΕΥΤΗΝ
ΠΑΛΜΥΡΗΝΟΝΒΗΛΑ
ΚΑΒΟΣΑΡΣΑΤΟΝΦΙ
....ΕΙΜΗΣΧΑΡΙΝ
ΕΤΟΥΣΟΦ

XV.

ΣΕΠΤΙΜ
ΤΟΝΚΡΑ
ΠΟΝΣΕΒ Η
ΝΑΡΙΟΝΚΑΙ ,ΗΝ
ΙΟΥΛΙΟΣΑΥΡ ΟΣΣΕ
ΠΤΙΜΟΣΜ ΜΑΛΩ
ΚΑΝΝΑΣΣΟΥ ΟΚΡΑΤΙ
ΣΤΟΣΤΟΝΦΙΛΟΝΚΑΙΠΡΟΣΤ
ΑΤΗΝΤΕΙΜΗΣΕΝΕΚΕΝ
ΕΤΟΥΣΖΟΦΜΗΝΕΙΞΑΝΔΙΚΩ

XVI.

ΣΕΠΤ ΟΥΟΡΩΔΗΝ
ΤΟΝΚΡΑΤΙΣΤΟΝΕΠΙΤΡΟ
ΠΟΝΣΕΒΑΣΤΟΥΔΟΥΚΗ
ΝΑΡΙΟΝΚΑΙΑΡΓΑΠΕΤΗΝ
ΙΟΥΛΙΟΣΑΥΡΗΛΙΟΣ
ΣΕΠΤΙΜΙΟΣΙΑΔΗΣΙΠ
ΠΙΚΟΣΣΕΠΤΙΜΙΟΥΑΛΕ
ΞΑΝΔΡΟΥΤΟΥΗΡΩΔΟΥ
ΑΠΟΣΤΡΑΤΙΩΝΤΟΝΦΙ
ΛΟΝΚΑΙΠΡΟΣΤΑΤΗΝ
ΤΕΙΜΗΣΕΝΕΚΕΝΕΤΟΥΣ
ΠΟΦΜΗΝΕΙΞΑΝΔΙΚΩ

XVII.

ΣΕΠΤΙΜΙΟΝΟΥΟΡΩΔΗΝ
ΤΟΝΚΡΑΤΙΣΤΟΝΕΠΙΤΡΟ
ΠΟΝΣΕΒΑΣΤΟΥΔΟΥΚΗ
ΝΑΡΙΟΝΚΑΙΑΡΓΑΠΕΤΗΝ
ΙΟΥΛΙΟΣΑΥΡΗΛΙΟΣΣΑΛΜΗΣ
ΚΑΣΣΙΑΝΟΥΤΟΥ···ΕΝΑΙΟΥ
ΙΠΠΕΥΣΡΩΜΑΙΩΝΤΟΝΦΙΛΟΝ
ΚΑΙΠΡΟΣΤΑΤΗΝΕΤΟΥΣΗΟΦ
ΜΗΝΕΙΞΑΝΔΙΚΩ

XVIII.

ΗΒΟΥ ΜΟΣ
ΣΕΠΤΙΜ ΤΟΝΚΡΑ
ΤΙΣΤΟΝΣ ΕΒΑΣΤΟΥ
ΔΟΥΚΗΝ ΕΟΔΟΤΗΝ
ΤΗΣΜΗ ΝΕΙΑΣΚΑΙΑ
ΝΑΚΟΜΙΣ ΣΣΥΝΟΔΙΑΣ
ΕΞΙΔΙΩΝΚΑΙΜΑΡΤΥΡΗΘΕΝΤΑ
ΥΠΟΤΩΝΑΡΧΕΜΠΟΡΩΝΚΑΙ
ΛΑΜΠΡΩΣΣΤΡΑΤΗΓΗΣΑΝΤΑΚΑΙ
ΑΓΟΡΑΝΟΜΗΣΑΝΤΑΤΗΣΑΥΤΗΣ
ΜΗΤΡΟΚΟΛΩΝΕΙΑΣΚΑΙΠΛΕΙΣΤΑ
ΟΙΚΟΘΕΝΑΝΑΛΩΣΑΝΤΑΚΑΙΑΡΕΣΑΝ
ΤΑΤΗΤΕΑΥΤΗΒΟΥΛΗΚΑΙΤΩΔΗΜΩ
ΚΑΙΝΥΝΕΙΛΑΜΠΡΩΣΣΥΜΠΟΣΙΑΡ
ΧΟΝΤΩΝΤΟΥ ΔΙΟΣΒΗΛΟΥΙΕ
·ΩΝ ΤΕΙΜΗΣΕΝΕΚΕΝ
Ξ.ΑΝ

XIX.

··ΕΠΤΙ
ΕΠΙΤΡΟΠ ΟΥΚΗΝΑΡΙΟΝ
ΙΟΥΛΙΟΣΑΥΡΗ Ο ΒΑΛΟΣ···
ΔΟΥΤΟΥ ΠΓΟΣΙ·ΣΛΑΜΠΡΟΤΑ
ΤΗΣΚΟΛΩΝΕΙΑΣ.ΟΝΕΑΥΤΟΥΦΙΛΟΝ
ΤΕΙΜΗΣΕΝΕΚΕΝΕΤΟΥΣ···ΜΗΝΕΙ
ΑΠΕΜΑΙΩ

XX.

..........ΟΔΗΜΟΣ
ΜΑΛΗΝΤΟΝΚΑΙΑΓΡΙΠΠΑΝ
ΙΑΡΑΙΟΥΤΟΥΡΑΑΙΟΥΓΡΑΜΜΑ
ΤΕΑΓΕΝΟΜΕΝΟΝΤΟΔΕΥΤΕ
ΡΟΝΕΠΙΔΗΜ··ΘΕΟΥΑΔΡΙ
ΑΝΟΥΑΛΑΙΜΜΑΠΑΡΑΣΧΟ
ΤΑΞΕΝΟΙΣΤΕΚΑΙΠΟΛΕΙΤΑ··

XXI.

ΗΒΟΥΛΗΚΑΙΟΔΗΜΟΣΒΑΡΕΙΧΕΙΝ
ΑΜΡΙΣ·ΜΣΟΥΤΟΥΙΑΡΙΒΩΛΕΟΥΣ
ΚΑΙΜΟΚΙΜΟΝΥΙΟΝΑΥΤΟΥΕΥΣΕΒΕΙΣ
ΚΑΙΦΙΛΟΠΑΤΡΙΔΑΣΤΕΙΜΗΣΧΑΡΙΝ

XXII.

ΜΑΛΙΧΟΝΝΕΣΑΤΟΥΚΩΜ·ΑΤΟΥΕΠΙΚΑΛΟ
ΥΜΕΝΟΥΑΣΑΣΟΥΦΥΛΗΣΧΟΜΑΡΗΝΩΝΠΑΛ
ΜΥΡΗΝΩΝΟΔΗΜΟΣΕΥΝΟΙΑΣΕΝΕΚΑ

XXIII.

ΓΕΗΔΑΤΙΟΝΟΥΕΛΛΗΙΟΝ
ΠΡΕΙΣΚΟΝΜΑΚΡΕΙΝΟΝΤΟΝ
ΑΓΝΟΝΚΑΙΔΙΚΑΙΟΝΣΩΤΗΡΑ
ΜΑΝΝΟΣΟΚΑΙΜΕΖΑΒΒΑΝ·
ΟΛΙΜΗΤΟΝΕΥΕΡΓΕΤΗΝ

XXIV.

ΣΕΠΤ·ΨΑΙΟΝΤΟΝΠΟΛ··ΤΗΝ
ΚΑΤ···ΣΤΗΤΗΝΗΠΟΛΙΣ

XXV.

ΙΟΥΛΙΟΣΙΟΥΛΙΑΝΟΣΕΥΣΕΒΗΣΚΑΙΦΙΛΟΠΑΤΡΙΣ
ΚΑΙΤΕΤΕΙΜΗΜΕΝΟΣΥΠΟΤΩΝΘΕΙΩΤΑΤΩΝΑ·
ΤΟΚΡΑΤΟΡΩΝΤΕΤΑΡΤΗΣ·ΤΡΑΤΕΙΑΣΕΠΑΡΧ
ΣΕΙΛΗΣ·················ΑΡΕΑΣΤΕΙΜΗΣ
··ΕΚΕΝΕΤΟΥΣ······················

XXVI.

ΤΟΜΝΗΜΙΟΝΤΟΥΤΑΦΕΩΝΟΣΕΚΤΙΣΕΝΕΞΙΔΙΩΝ
ΣΕΠΤΙΜΙΟΣΟΔΑΙΝΑΘΟΣΟΛΑΜΠΡΟΤΑΤΟΣΣΥΝ
ΚΛΗΤΙΚΟΣΑΙΡΑΝΟΥΟΥΑΒΑΛΛΑΘΟΥΤΟΥΝΑΣΩΡΟΥ
ΑΥΤΩΤΕΚΑΙΥΙΟΙΣΑΥΤΟΥΚΑΙΥΙΩΝΟΙΣΕΙΣΤΟΠΑΝ
ΤΕΛΕΣΑΙΩΝΙΟΝΤΕΙΜΗΝ

XXVII.

RESORBISSVIETPROPAGATORESGENERISHVMANIDDNNDIOCLEITANVS
SIIMPIMPPETCONSTANTIVSETMAXIMIANVSNOBB.CAES.CASTPAFELICITERCONDIDERVNT
SOSSIANOHIEROCLITEV.PRAES.PROVINCIAED.N.M.Q.EORVM.

Marmora Palmyrena.

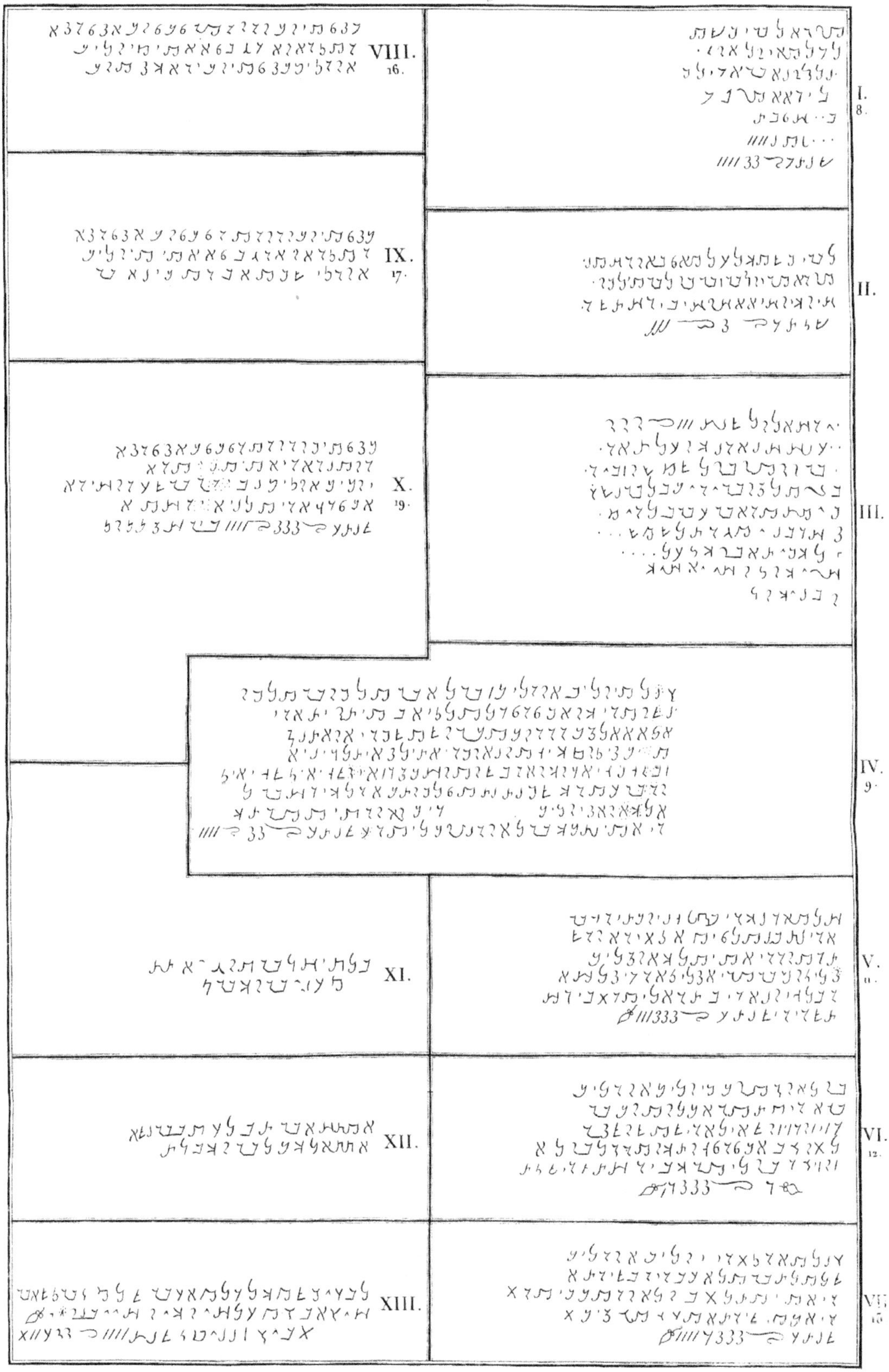

VOYAGE

A TRAVERS

LE DÉSERT.

En parcourant l'Orient, le voyage de Palmyre a été celui où nous nous sommes attendus à rencontrer les plus grands obstacles, comme il fallait, pour y aller, s'écarter beaucoup de la route ordinaire, et que la protection du Grand-Seigneur ne pouvait nous y servir.

Alep et Damas semblaient être les endroits où nous pouvions le mieux pourvoir à notre commodité et à notre sûreté dans cette entreprise. Après avoir tâché en vain de gagner la première de ces deux villes, nous laissâmes notre vaisseau à Byroot, sur la côte de Syrie, et traversâmes le mont Liban pour aller à Damas.

Le bacha de cette ville nous déclara qu'il ne pouvait pas nous promettre que son nom ni son pouvoir pussent, en aucune manière, servir à notre sûreté à l'endroit où nous allions. Sur ce qu'il nous dit, et sur tout ce que nous pûmes apprendre d'ailleurs, nous nous trouvâmes obligés d'aller à Hassia, village à quatre journées de Damas, au nord, et la résidence d'un aga, dont la jurisdiction s'étend jusqu'à Palmyre.

Comme le dessein de cet ouvrage est uniquement de rendre compte des ruines de Palmyre, et non de nos voyages, nous ne ferons ici que tracer une petite ébauche de notre passage à travers le désert, pour donner en gros une idée de la manière dont nous avons voyagé dans un pays qui n'a encore été décrit par personne.

Hassia est un petit village, sur la grande route de la caravane de Damas à Alep. Il est situé près de l'Antiliban, et il n'est éloigné que de quelques heures de l'Oronte. L'aga nous reçut avec cette hospitalité qui est si commune dans ce pays-là parmi les gens de toute condition; et, quoique extrêmement surpris de notre curiosité, il nous donna les instructions nécessaires pour la satisfaire le mieux qu'il se pourrait.

Nous partîmes d'Hassia, le 13 mars 1751, avec une escorte des meilleurs cavaliers arabes de l'aga, armés de fusils et de longues piques; et nous arrivâmes quatre heures après à Sudud, à travers une plaine stérile, qui produisait à peine de quoi brouter à des antilopes que nous y vîmes en quantité. Notre route était est-quart-sud-est.

Sudud est un petit village, habité par des chrétiens maronites. Cet endroit est si pauvre que les maisons en sont bâties de terre séchée au soleil. Les habitants cultivent autour du village autant de terre qu'il leur en faut simplement pour leur subsistance, et ils font de bon vin rouge. Nous achetâmes quelques manuscrits de leur prêtre. Après dîner, nous continuâmes notre voyage à travers la même sorte de pays, entre est-quart-sud-est et est-sud-est; et nous arrivâmes à un village turc, appelé Howareen, à trois heures de Sudud, où nous couchâmes.

Howareen a la même apparence de pauvreté que Sudud; mais nous y trouvâmes quelques ruines qui font voir que cet endroit a été autrefois plus considérable. Une tour carrée, revêtue de créneaux saillants pour la rendre capable de défense, ressemble à un ouvrage bâti il y a trois ou quatre cents ans; et deux églises en ruines peuvent être du même siècle, quoiqu'il y ait dans ces bâtiments des matériaux beaucoup plus anciens et employés sans jugement. On voit dans les murs quelques chapiteaux corinthiens et plusieurs grandes bases attiques de marbre blanc. Ces fragments de l'antiquité, et quelques autres qu'on trouve répandus çà et là, ont appartenu à des ouvrages de plus de dépense que de goût. Nous avons remarqué un village voisin entièrement abandonné de ses habitants, ce qui arrive fréquemment dans ces pays-là: quand le produit des terres ne répond pas à la culture, les habitants les quittent souvent pour n'être pas opprimés.

Nous partîmes d'Howareen, le 12, et nous arrivâmes trois heures après à Carietein, tenant toujours la même direction. Ce village ne diffère des précédents qu'en ce qu'il est un peu plus grand. Il y a aussi quelques fragments de marbre qui viennent d'anciens édifices, comme des fûts de colonnes, quelques chapiteaux corinthiens, une base dorique, et deux inscriptions grecques imparfaites. On jugea à propos de nous faire rester ici ce jour-là, tant pour rassembler le reste de notre escorte, à qui l'aga avait ordonné de nous accompagner, que pour préparer notre monde et nos bestiaux à la fatigue du reste de notre voyage; car, quoique nous ne pussions pas l'achever en moins de vingt-quatre heures, il fallait faire ce trajet tout d'une traite, n'y ayant point d'eau dans cette partie-là du désert.

Nous laissâmes Carietein, le 13, sur les dix heures ou environ : c'était trop tard de beaucoup; mais notre corps devenait plus difficile à gouverner à mesure qu'il devenait plus nombreux. Cette mauvaise conduite fut cause que nous fûmes exposés à la chaleur de deux jours avant que nos bestiaux pussent s'abreuver, ni se reposer; et, quoique tout-à-fait au commencement de la saison, le sable réfléchissait très-fortement l'ardeur du soleil, et nous n'eûmes ni vent ni ombre pour nous soulager durant tout le voyage.

Notre caravane était alors fort augmentée, consistant en environ deux cents personnes, et à-peu-près le même nombre de bêtes de charge, qui faisaient un mélange grotesque de chevaux, de chameaux, de mulets et d'ânes. Notre guide nous dit que nous en étions à la partie la plus dangereuse de notre voyage, et nous pria de nous soumettre entièrement à ses ordres, qui furent que les domestiques se tinssent avec le bagage immédiatement derrière notre garde arabe, de laquelle on détachait fréquemment un ou deux cavaliers, ou davantage, pour les envoyer à la découverte à toutes les éminences qu'on voyait, et où ils restaient jusqu'à ce que nous les eussions joints. Ces cavaliers quittaient toujours la caravane à bride abattue, à la manière des Tartares et des hussards. Nous ne savions si toute cette précaution était réellement l'effet du danger qu'ils appréhendaient, ou si ce n'était pas plutôt une affectation pour nous faire concevoir une haute idée de leur utilité et de leur vigilance. Notre route, de Carietein à Palmyre, était un peu nord-quart-nord-est, à travers une plaine sablonneuse et unie, d'à-peu-près dix milles de largeur, sans arbre ni eau, et bornée à droite et à gauche par une chaîne de montagnes stériles, qui semblaient se joindre environ deux milles avant que nous arrivâmes à Palmyre.

Nos cavaliers arabes nous divertissaient de temps en temps avec des combats où ils faisaient semblant d'en venir aux prises les uns avec les autres, pour nous délasser de l'ennui de notre voyage. Il est surprenant de voir comme ils se tiennent ferme sur leur selle, et avec quelle adresse ils manient leurs chevaux. La marche du jour finie, ils s'asséyaient en rond pour prendre du café et fumer une pipe : c'était là leur plus grand régal. Cependant un de la compagnie divertissait les autres en chantant une chanson, ou en contant une histoire. L'amour ou la guerre en était le sujet, et souvent c'était un impromptu.

A neuf heures de chemin de Cariétein, nous arrivâmes à une tour ruinée, sur laquelle nous remarquâmes la croix de Malte à deux ou trois endroits. Auprès de cette tour sont les ruines d'un superbe bâtiment, à en juger par une huisserie de marbre blanc, qui est l'unique morceau qui en reste élevé, et qui n'est pas couvert de sable. Les proportions et les ornements en sont exactement les mêmes que ceux qu'on trouvera représentés planche XLVIII. A minuit, nous nous arrêtâmes deux heures pour prendre du repos, et le 14, à midi, nous arrivâmes au bout de la plaine, où les montagnes à droite et à gauche paraissaient se joindre. Il y a entre ces montagnes une vallée, où l'on voit encore les ruines d'un aquéduc qui portait autrefois de l'eau à Palmyre

Il y a à droite et à gauche de cette vallée plusieurs tours carrées d'une hauteur considérable. En approchant de plus près, nous trouvâmes que c'étaient les anciens sépulcres des Palmyréniens. A peine eûmes-nous passé ces monuments vénérables, que les montagnes se séparant des deux côtés, nous découvrîmes tout-à-la-fois la plus grande quantité de ruines, toutes de marbre blanc, que nous eussions jamais vue; et derrière ces ruines, vers l'Euphrate, une étendue de plat pays à perte de vue, sans le moindre objet animé. Il est presque impossible de s'imaginer rien de plus étonnant que cette vue.

Un si grand nombre de piliers corinthiens, avec si peu de mur et de bâtiment solide, fait l'effet le plus romanesque qu'on puisse voir: mais la planche suivante en donnera une idée plus juste qu'aucune description qu'on en pourrait faire.

Nous allons donner dans nos planches, non-seulement les mesures de l'architecture, mais aussi la vue des ruines d'où elles sont tirées, n'y ayant point de méthode plus claire ni qui satisfasse davantage; car, par ce moyen, nous donnerons une idée de l'édifice, tel qu'il était en son entier; nous ferons voir son état présent de dépérissement, et, ce qui est plus important, sur quoi nos mesures sont autorisées.

PLANCHE I.

VUE
DES RUINES DE PALMYRE,
TIRÉE DU NORD-EST.

DANS l'explication de cette vue, on renvoie aux planches, qui contiennent en grand les parties de chaque édifice, et toutes les parties de cette vue, qui ne sont pas expliquées plus particulièrement dans d'autres planches, ou étaient trop détruites pour qu'on pût les mesurer, ou sont omises exprès pour ne pas répéter les mêmes proportions et les mêmes ornements.

A. Le Temple du Soleil.

B. Tour carrée, bâtie par les Turcs, à l'endroit où était le Portique.

C. Mur qui formait l'enceinte de la cour du temple. Nous donnons une description particulière des parties de ce temple et de cette cour, depuis la planche III jusqu'à la planche XXI.

D. Morceau de terre où les Arabes cultivent des olives et du grain. Ils sont partagés en petits clos, dont les murs sont de terre.

E. Colonne très-grosse, dont la plus grande partie et l'entablement sont tombés. Les fragments qui sont aux environs font voir qu'il y a eu un grand édifice à cet endroit. Le diamètre de cette colonne près de la base est de cinq pieds et demi.

F. Mosquée turque en ruine avec son minaret.

G. Grande colonne, de même diamètre que la colonne E.

H. Arc. Voyez-en la description depuis la planche XXII jusqu'à XXVI. Depuis cet arc jusqu'à l'édifice marqué W, espace qui n'a pas moins ds 4000 pieds, s'étend un portique.

I. Colonnes qui supportent encore une partie considérable de leur entablement, et sont tellement disposées qu'elles ressemblent au pérystile d'un petit temple dont la celle est tout-à-fait détruite.

K. Quatre colonnes de granit, dont l'une est encore élevée; les trois autres sont par terre. Le fût de ces colonnes est d'une pièce, et le diamètre en est le même que celui des autres colonnes du grand portique.

L. Colonnes en assez grand nombre, et tellement disposées (voyez planche II) que nous les prîmes d'abord pour les colonnes d'un cirque; mais, après les avoir examinées de plus près, nous avons trouvé le terrain tel qu'il ne nous a pas paru possible qu'on ait bâti un cirque à cet endroit-là. Elles ont deux pieds quatre pouces de diamètre, et six pieds dix pouces d'intercolonnation.

M. Petit temple, dont on voit la description dans les planches XXVII, XXVIII, etc., jusqu'à XXXI.

N. Celle d'un temple avec une partie de son pérystile.

O. Quatre grands piédestaux, représentés planches XXXII, XXXIII et XXXIV.

P. File de colonnes, qui semblent avoir appartenu à un portique, et qui aboutissent à l'endroit du grand portique où sont les piédestaux précédents. Elles ont deux pieds six pouces de diamètre et sept pieds trois pouces d'intercolonnation.

Q. Semble être les ruines d'une église chrétienne.

R. Il ne reste rien de ce grand édifice, que ces quatre colonnes avec leur superbe entablement.

S. Colonnes à-peu-près disposées comme les autres marquées I.

T. Ruines d'un sépulcre.

V. Édifice supposé avoir été élevé par Dioclétien. Voy. planches XLIV, XLV, XLVI, etc., jusqu'à LII.

W. Sépulcre où aboutit le grand portique au nord-ouest. Voy. planches XXXVI, XXXVII, etc., jusqu'à XLII.

X. Ruines d'une fortification turque.

Y. Sépulcre. Voyez les planches LIII et LIV.

Z. Château turc sur la montagne.

a. Sépulcres hors des murs de la ville. Voyez les planches LV, LVI et LVII.

Après avoir considéré en gros ces ruines, que nous trouvâmes surpasser plutôt notre attente, bien loin de n'y pas répondre, on nous conduisit à une hutte des Arabes. Il y en a environ une trentaine dans la cour du grand temple. La magnificence de cet édifice et la pauvreté de notre habitation faisaient un contraste tout-à-fait étonnant. Les habitants sont bien faits, tant hommes que femmes; et celles-ci, quoique très-hâlées, ont de beaux traits. Elles étaient voilées; mais elles ne font pas tant scrupule de montrer leur visage que les femmes d'Orient en général. Elles se teignent le bout des doigts de rouge, les lèvres de bleu, les sourcils et les cils de noir; et elles portent aux oreilles et au nez de fort grosses bagues d'or ou de cuivre. Elles paraissaient être en bonne santé, et elles nous dirent que les maladies étaient rares dans le pays.

Nous en conclûmes que l'air de Palmyre mérite le caractère qu'en donne Longin dans son épître à Porphyre. Il y pleut rarement, si ce n'est dans le temps des équinoxes. Le ciel fut tout-à-fait serein durant tout le temps que nous y demeurâmes, excepté un après-midi qu'il y eut une petite ondée, précédée d'un tourbillon, qui enleva une si grande quantité de sable du désert, que le ciel en fut entièrement obscurci : ce qui nous donna une idée de ces terribles ouragans qui sont quelquefois funestes à des caravanes entières.

Les Arabes, habitants de Palmyre, nous traitèrent passablement bien en mouton et en chèvre : cependant leurs provisions auraient manqué si nous y fussions demeuré plus de quinze jours, pendant lequel temps nous satisfîmes notre curiosité.

PLANCHE II.

PLAN GÉOMÉTRIQUE

DES

RUINES DE PALMYRE.

Palmyre, au milieu du désert, est située au pied d'une chaîne de montagnes stériles à l'occident, et est découverte de tous les autres côtés. Elle est au trente-quatrième degré de latitude (1), selon Ptolomée; à six journées d'Alep (2), à autant de Damas (3), et à environ vingt lieues de l'Euphrate à l'Orient. Il y a des géographes qui l'ont placée en Syrie, d'autres en Phénicie, et quelques-uns en Arabie.

Les murs de cette ville (43) sont flanqués de tours carrées; mais ils sont tellement détruits, qu'en quantité

(1) Nous trouvâmes qu'il était embarrassant de porter un quart de cercle si loin par terre : cela nous a empêché d'en prendre la latitude.

(2) Nous fîmes communément autour de huit lieues par jour dans ce voyage.

(3) Il y a une route plus courte de Damas à Palmyre; mais elle est plus dangereuse.

d'endroits ils sont au niveau de la terre, et que souvent on ne saurait les distinguer des autres ruines. Nous n'en pûmes rien apercevoir au sud-est; cependant, selon ce que nous en avions découvert, nous eûmes grande raison de croire qu'ils renfermaient le grand temple dans leur enceinte : sur ce pied-là, ils ont dû avoir au moins trois milles anglais de circuit.

Les Arabes nous montrèrent aux environs des ruines présentes, un terrain, qui peut bien avoir dix milles de circonférence, et qui est un peu élevé au-dessus du niveau du désert, quoiqu'il ne le soit pas tant que celui de ce plan au-dedans des murs. Ils nous dirent que c'était là l'étendue de l'ancienne ville, et qu'en y creusant on découvrait des ruines. Il nous sembla qu'il y avait de meilleures raisons en faveur de cette opinion que leur autorité. Un circuit de trois milles était bien petit pour Palmyre dans son état de prospérité, sur-tout si l'on considère que la plus grande partie de cet espace est occupée d'édifices publics, dont l'étendue, et le grand nombre de magnifiques sépulcres, sont des preuves évidentes de la grandeur d'une ville.

Nous en conclûmes que les murs que nous avons marqués dans ce plan, ne renferment que la partie de la ville où étaient les édifices publics dans son état florissant; et qu'après qu'elle fut ruinée, sa situation la rendant toujours recommandable, comme la place la plus propre pour arrêter les incursions des Sarrazins, Justinien la fit fortifier, comme nous apprend Procope, et très-probablement en fit amoindrir le circuit. Palmyre n'était plus une ville riche et marchande (1), où il fut obligé d'avoir égard à la commodité des particuliers ; mais c'était une garnison frontière, dont il ne s'agissait que de considérer la force.

Outre que la manière dont le mur est bâti tient beaucoup du siècle où nous le mettons, cette opinion semble tirer de la force d'une autre observation que nous avons faite sur les lieux.

Nous avons remarqué qu'en bâtissant le mur vers le nord-ouest, on avait profité de la commodité de deux ou trois sépulcres, qui se trouvaient en cet endroit-là si à propos, et dont la forme était si convenable, qu'on les avait convertis en tours de flanc.

Comme nous ne doutons point que le mur ne soit postérieur aux sépulcres, nous concluons qu'il a été bâti depuis l'abolissement de la religion païenne à Palmyre ; car non-seulement il était contraire à la vénération que les Grecs et les Romains avaient pour les lieux de sépulture, de les appliquer à aucun autre usage, sur-tout à un aussi dangereux et aussi profane que celui-ci ; mais c'était aussi enfreindre une règle générale qu'ils observaient, d'avoir ces lieux hors des murs de la ville (2). C'était ordonné à Rome par une

---

(1) Voyez page 13.

(2) Les Romains s'écartèrent de cette loi dans les commencements de leur république, seulement en faveur du mérite qu'ils voulaient distinguer par des marques particulières d'honneur, quoique par la

loi des douze tables; et à Athènes par une loi de Solon; et nous avons remarqué que cette coutume était observée religieusement par tout l'Orient.

Nous supposons donc que ce mur, que nous appelons le mur de Justinien pour les raisons susdites, non-seulement exclut de son enceinte une grande partie de l'ancienne ville, particulièrement au sud-est, mais encore qu'il renferme au nord et nord-ouest du terrain qui n'en était pas. La partie du mur où il n'y a point de tours, de même que le bâtiment en ruine (19), ont été ajoutés long-temps après, et sont bâtis dans le goût du château dont nous parlerons plus bas.

Au haut de l'une des plus hautes montagnes qu'il y a au nord-ouest, est un château (34) où l'on monte par un chemin très-difficile et escarpé. Il est entouré d'un fossé profond taillé dans le roc, ou plutôt dont on a tiré les pierres comme d'une carrière. Comme le pont-levis en est rompu, nous eûmes de la peine à le passer. Nous trouvâmes dans le château un trou fort profond, aussi taillé dans le roc, à dessein, à ce qu'il semble, de faire un puits, quoiqu'il soit sec à présent.

---

suite ils rendissent ce même honneur aux personnes élevées en dignité. Mais les Athéniens ne voulurent point laisser enterrer Marcellus dans l'enceinte de leurs murs, et ils répondirent à Sulpice, quand il demanda cette grace, *Religione se impediri. Vid. Cic. Epist. ad famil.* Les Lacédémoniens différaient en cela des autres Grecs, et Licurgue, qui profita de toutes les occasions pour inculquer le mépris de la mort, voulut qu'on enterrât dans les rues les plus publiques, afin que la jeunesse de Sparte se familiarisât avec de tels objets.

Ce château est si mal bâti, qu'il est évident non-seulement qu'il est postérieur à Justinien, à qui on l'attribue, mais même qu'il est indigne des Mamelus.

Les commerçants anglais qui le visitèrent en 1691 apprirent qu'il fut bâti par Man Ogle, prince des Druses, sous le règne d'Amurat III (1). Les Arabes nous dirent que c'était l'ouvrage du fameux Feccardin, qui le fit bâtir pour lui servir de retraite pendant que son père était en Europe : mais ni l'une ni l'autre de ces opinions ne s'accordent avec l'histoire des Druses.

La montagne sur laquelle est bâti ce château est une des plus hautes qu'il y ait aux environs de Palmyre. De cette hauteur, d'où l'on voit extraordinairement loin au sud, le désert ressemble à la mer; et à l'ouest nous pouvions voir le sommet du Liban, et prendre très-distinctement la hauteur de quelques endroits de l'Antiliban, que nous avions remarqués à Hassia.

Il y a à l'est et au sud du temple du Soleil quelques oliviers avec du grain que les Arabes cultivent, et qu'ils enferment de murs de terre pour en éloigner les bestiaux. On pourrait faire de ce terrain une charmante campagne, par le moyen de deux petites rivières qu'il y a, et qui sont entièrement négligées.

L'eau de ces deux rivières est chaude et chargée de soufre; néanmoins les habitants la trouvent saine et assez agréable. La plus considérable a sa source à

---

(1) *Anno Christi* 1585.

l'ouest, au pied des montagnes, dans une belle grotte, qui est assez haute au milieu pour que nous pussions presque nous y tenir debout. Tout le fond est un bassin d'eau très-claire, d'environ deux pieds de profondeur. La chaleur ainsi concentrée en fait un excellent bain, aussi les Arabes en font-ils cet usage; et le courant qui en sort avec assez de rapidité a environ un pied de profondeur et plus de trois pieds de largeur. Cette eau est resserrée en quelques endroits dans un lit pavé qu'on lui avait fait autrefois; mais après un cours qui n'est pas bien long, elle est imbibée par le sable à l'est des ruines. Les habitants nous dirent que cette grotte avait toujours la même quantité d'eau, et que, quoiqu'elle nous parût n'avoir pas plus d'une douzaine de pas d'étendue, elle ne laissait pourtant pas d'être beaucoup plus grande. Une inscription, qu'il y a tout auprès, sur un autel dédié à Jupiter, nous apprit qu'elle s'appelait Ephca, et qu'on en confiait le soin à des personnes qui tenaient cet office par élection.

L'autre petite rivière (45), dont nous ne pûmes trouver la source, a autant d'eau à-peu-près, et traverse les ruines dans un ancien aquéduc souterrain, près du grand portique et dans la même direction. Elle se joint à la première à l'est des ruines, et se perd avec elle dans le sable. Les Arabes nous dirent qu'il y en avait une troisième, qui n'était pas si considérable que les deux autres, qui coulait aussi dans un aquéduc souterrain, au travers des ruines, mais dont le lit était tellement engorgé par les décombres, qu'il y avait quelque temps qu'elle ne paraissait plus. Nous nous informâmes d'autant plus de ces petites rivières, que les commerçants d'Alep n'en ayant presque point pris connaissance, il y a des gens si embarrassés à rendre raison de la perte de la rivière dont Ptolomée fait mention, qu'ils l'attribuent à un tremblement de terre. Il semble qu'il n'y a pas lieu de supposer qu'il soit arrivé d'autre changement aux eaux de Palmyre, que celui dont la négligence est cause. Si les commerçants anglais ont cru ces courants trop méprisables pour mériter le nom de rivières, ils auraient dû, pour la même raison, refuser cet honneur au Pactole, au Mélès, et à plusieurs rivières de Grèce, qui n'ont pas tant d'eau, excepté immédiatement après des pluies.

Outre ces eaux soufrées, il y avait encore autrefois un aquéduc souterrain, dont nous avons parlé p. 35, qui apportait de bonne eau à la ville. Il était bâti très-solidement *, avec des ouvertures de distance en distance pour le tenir propre et net. Il est à présent rompu à environ une demi-lieue de la ville. Les Arabes croient communément que cet aquéduc s'étend jusqu'aux montagnes du voisinage de Damas; mais cette opinion semble tout-à-fait dénuée de fondement, puisqu'il y a de bonne eau en quantité à Carietein, entre Palmyre et Damas. Procope rapporte que Justinien fit venir de l'eau à Palmyre pour la garnison qu'il y laissa. Nous nous imaginons que pour cet effet il répara cet aquéduc, qui paraît être beaucoup plus ancien et avoir

* Voyez Pl. XXVII.

coûté infiniment. Palmyre, dans son état de prospérité, n'aurait sûrement pas manqué de se procurer une telle commodité; et nous avons remarqué en plus d'un endroit de cet aquéduc des caractères palmyréniens entièrement dépéris, sans pouvoir trouver d'inscriptions en aucune autre langue.

A trois ou quatre milles au sud-est des ruines, est, dans le désert, la vallée du sel (vraisemblablement l'endroit où David frappa les Syriens, 2 *Sam.* VIII, 13); elle fournit encore aujourd'hui une grande quantité de sel à Damas et aux villes voisines. Nous allâmes voir cette vallée. On a creusé la terre en plusieurs endroits pour la faire contenir un pied, ou plus, d'eau de pluie : l'eau ainsi retenue couvre ces petites fosses d'un beau sel blanc. Par-tout où nous pûmes enfoncer dans la terre des piques des Arabes, nous la trouvâmes imprégnée de sel à une hauteur considérable.

Les autres particularités de ce plan se trouvent dans l'explication suivante, à laquelle on renvoie le lecteur. On n'a rien marqué de moins entier qu'une colonne élevée avec son chapiteau pour le moins. Presque toute l'enceinte des murs étant couverte de monceaux de marbre, distinguer des ruines si imparfaites n'aurait servi qu'à répandre de la confusion sans aucune utilité.

1. Temple du Soleil
2. La cour du temple avec les huttes des Arabes.
3. Le Portique.
4. Mosquée turque.
5. Un arc.
6. Quatre colonnes de granit.

7. Pérystile d'un temple ruiné.
8. Colonnes disposées en forme de cirque.
9. Celle d'un temple.
10. Quatre piédestaux.
11. File de colonnes isolées.
12. Celle d'un temple avec une partie de son pérystile.
13. Pérystile, assez vraisemblablement, d'un temple.
14, 15, 16, 17. Édifices distincts, mais si ruinés qu'il n'est pas possible même d'en deviner les plans.
18. Édifice de Dioclétien.
19. Ruines d'une fortification turque.
20, 21, 22. Sépulcres.
23. Sépulcres de plusieurs étages, tous hors des murs.
24. Temple ruiné vraisemblablement.
25. Ruines d'une église chrétienne.
26. Quatre colonnes.
27. Petit temple.
28. Grande colonne isolée.
29. Terrain cultivé.
30. Grande colonne, d'où l'on a copié l'inscription XXI.
31. Grande colonne.
32. Autel, d'où l'on a copié l'inscription grecque VI.
33. La fontaine Ephca.
34. Château turc.
35. Terrain élevé par les ruines. Il y a eu entre ce terrain et le mur un fossé, qui est à-présent presque comblé.
36. Décombres près de la fontaine.
37. Édifice ruiné près de la petite rivière (44).
38. Décombres de sépulcres.
39. Moulin à eau des Arabes pour moudre leur grain.
40. Terrain où ils enterrent leurs morts.
41. Vallée des sépulcres par où nous sommes arrivés à Palmyre.
42. Ruines confuses de grands édifices près du temple du Soleil.
43. Restes du mur de Justinien.
44. Petite rivière.
45. Autre rivière moins grande, qui coule au travers des ruines et se joint à la première à l'est du temple du Soleil.

PLANCHE III.

Plan du Temple du Soleil et de la cour de ce Temple.

De la grandeur de cet édifice, comme aussi de quelques ornements * qu'il y a, nous concluons que c'est le temple du Soleil qui fut endommagé par les soldats romains, lorsque Aurélien prit la ville, et pour les réparations duquel il assigna tant d'argent, dans la lettre qu'il écrivit à Ceionius Bassus **.

La solidité et la hauteur du mur de la cour ont porté les Turcs à en faire une place forte. Pour cet effet, ils ont rempli les fenêtres au nord, à l'est et au sud, et ont fait un fossé à l'ouest, où ils ont détruit le portique de la grande entrée, afin de bâtir à la place une tour carrée *** pour flanquer ce côté.

La cour est pavée de grandes pierres; mais qui sont si couvertes de décombres, que nous n'avons pu voir le pavé qu'en peu d'endroits. Cette partie de la cour que nous avons renfermée dans des lignes, aux angles du nord-ouest et sud-ouest, est de seize pieds plus basse que le reste ****; nous n'en avons pu concevoir la raison; et les décombres qui la couvrent sont tels qu'il ne nous a pas été possible d'y découvrir aucune montée qui pût entretenir de la communication avec le reste de la cour.

Les parties du plan qui sont remplies de petites lignes, font voir ce qui est encore élevé : ce qui est tout-à-fait ruiné est marqué en blanc. Les mesures

* Voyez Pl. XVIII et XIX.

** Voyez pag. 13.

*** Voyez la lettre B de la pl. Ire.

**** Voyez planch. XIV et XXI.

suffiront pour comprendre le reste, sans qu'il soit besoin de l'expliquer davantage. C'est la méthode que nous garderons par-tout où les explications ne sont pas absolument nécessaires, laissant entièrement au lecteur le plaisir de faire ses remarques sur l'architecture.

Toutes les échelles de ces planches sont de pieds et de pouces anglais.

PLANCHE IV.

Élévation de la grande entrée de la cour du temple

On a remarqué * que ce portique a été détruit par les Turcs. C'est sans autorité qu'on rétablit ici le fronton; mais les colonnes et leur distribution particulière, sont copiées d'après le portique intérieur **.

* Voyez l'explication de la planche précédente.

** Voyez planch. XIII et XIV.

PLANCHE V.

Base, chapiteau et entablement du pilastre représenté dans la planche précédente.

C'est le même ordre qui règne tout autour de la cour du temple en dehors. Toutes les bases sont attiques à Palmyre.

PLANCHE VI.

*Ornements de l'intérieur du portique * de la grande entrée.*

* Voyez planche IV.

Le mur qui sépare ce portique de celui de la cour

du temple est presque tout-à-fait entier, et les ornements des portes et des niches ne sont guères gâtés.

A. Niche pour une statue.
B. Tabernacle supérieur pour une statue.
C. Tabernable inférieur.
D. Petite porte, ou porte de côté, avec le plan du soffite.

PLANCHE VII.

Élévation de la grande porte de la cour du temple.

Les ornements de cette porte sont finis de la manière la plus élégante, et, nonobstant leur grandeur, les consoles de l'architrave sont d'un morceau de marbre. Le soffite est l'unique partie qui en est trop endommagée pour pouvoir le tirer; mais nous n'avons pas laissé de voir qu'il est superbement orné, de la même manière que le soffite de la petite porte, qui est représenté dans la planche suivante.

A. Profil de la corniche.
B. Profil extérieur de la console, ou du modillon angulaire.
C. Profil intérieur du modillon.
D. Section de la frise et de l'architrave.
E, F. Saillie des consoles de l'architrave.
G. Plan du modillon angulaire.
H. Saillie des moulures de la corniche au-dessous des modillons.
I. Saillie de la frise.
K. Saillie de l'architrave.

PLANCHE VIII.

Ornements en grand de la grande porte, avec le soffite des petites portes.

A. La console de l'architrave.
B. La frise.
C. Le modillon angulaire.
D. Soffite de la petite porte *.

* Voyez la planche suivante.

PLANCHE IX.

Élévation d'une porte de côté, dont on a représenté le soffite dans la planche précédente, avec celle des niches et des tabernacles pour des statues.

PLANCHE X.

Ornements en grand des tabernacles représentés planche VI.

** Voyez les mêmes lettres de la Pl. VI.

B. Entablement saillant supérieur (b).
C. Entablement saillant inférieur (b).
D. Soffite du premier entablement.
E. Saillie des moulures qui sont au-dessous des modillons.
F. Saillie des moulures qui sont au-dessus des modillons.
G. Soffite du second entablement.
H. Saillie des moulures qui sont au-dessous des modillons.
I. Saillie des moulures qui sont au-dessus des modillons.
K. Section de l'architrave des entablements, qui fait voir la profondeur du soffite.

PLANCHE XI.

Ornements du dedans du portique de la cour du temple.*

* Voyez le plan, pl. VI.

Les trois grandes portes sont les mêmes qui ont été représentées planches VII et IX.

A. Petite porte. Il y en a deux qui conduisent à des escaliers pratiqués dans le mur qui sépare le portique de la grande entrée de celui de la cour : les deux autres sont des fausses-portes.

B. Fronton de entablement saillant, sous lequel il y avait une statue.

C. Base saillante sur laquelle était posée la statue.

D. Porte, représentée planche IX.

E. Fronton de la niche au-dessus de la porte.

F. Niche.

G. Pilastre de la niche.

PLANCHE XII.

A. Une des petites portes représentées dans la planche XI.

B. Fenêtre de la cour du temple, au nord-est et au sud. Les ornements en sont les mêmes en dehors et en dedans de la cour.

PLANCHE XIII.

Ornements en grand des tabernacles pour des statues, représentés planche XI.

A. Fleur sur les angles du fronton.

B. Entablement *.

C. Soffite avec un plan des modillons.

D. Base saillante **.

E. Soffite de la base.

F. Section de la base.

G. Section de l'architrave de l'entablement B, pour faire voir la profondeur du soffite.

* Voyez la pl. XI.

** Voyez C, planche XI.

PLANCHE XIV.

Élévation du portique au-dedans de la cour du temple.

C'est aussi par conjecture qu'on a rétabli ici le fronton, de même que dans la planche IV, comme il n'en reste aucun fragment. Le côté occidental de ces endroits de la cour, qui sont de seize pieds plus bas * que le reste du pavé, forme un soubassement aux colonnes. Les saillies qu'il y a aux fûts des colonnes ont été certainement faites pour des statues. On y voit encore dans quelques-unes les fers qui servaient à tenir les statues, et dans d'autres les marques mêmes des pieds. Il est très-probable que ces statues furent détruites ou emportées quand Aurélien prit la ville, car nous n'en avons pas pu découvrir le moindre fragment à Palmyre.

* Voyez planche III.

PLANCHE XV.

*Chapiteau et entablement * de l'ordre de la planche précédente, avec le plan du chapiteau.*

* Voyez le soffite de la corniche pl. XVIII.

La frise et le chapiteau ont beaucoup souffert, ce qui n'est pas surprenant, si l'on considère la délicatesse de l'ouvrage, qui est aussi achevé qu'il se puisse en marbre.

PLANCHE XVI.

Plan du temple et de son pérystile.

Les marches sont tellement détruites que nous n'avons pu qu'en conjecturer le nombre. Il ne nous a pas été possible de découvrir de réparations qui pussent rendre compte de leurs singularités dans ce plan. Les ornements qui appartiennent aux divisions qu'il y a au-dedans de la celle, sont tellement couverts de bâtiments turcs, que nous n'en avons pu copier que les soffites * de A et de B, avec un bas-relief d'une architrave **.

* Voyez pl. XIX.
** Voyez K, pl. XVIII.

PLANCHE XVII.

Élévation du temple.

A. Pilastre adossé à la colonne, et qui soutient le modillon de la porte.

B. Manière singulière de canneler les colonnes.

C. Panneau entre les chapiteaux au-dessus de la porte.

D. Le panier, ou tambour, qui est tout ce qui reste du chapiteau, avec des trous où étaient attachées les feuilles, etc., qui étaient sans doute de métal, et qu'on a ôtées à cause que les matériaux étaient de prix.

E. L'architrave de la celle.

F. La frise de la celle.

Nous n'avons rien trouvé dans la porte, qu'on voit ici placée d'une manière si singulière entre deux colonnes, ni dans la porte de la celle du temple, qui vaille la peine d'être représenté en grand, excepté le soffite qu'on va voir dans la planche suivante.

PLANCHE XVIII.

A. Le soffite de la corniche représentée planche XV.

B. Panneau carré qui contient

C. La rose.

D. Distance entre les modillons.

E. Les modillons.

F. Le soffite de l'architrave de la planche XV.

G. L'ornement de ce soffite.

H. Le soffite de la porte de la celle du temple.

I. La frise de la planche XVII, représentée en grand.

K. Bas-relief de la face d'une architrave qui appartient à une des divisions qu'il y a au-dedans de la celle. Il ne faut pas la mesurer avec l'échelle.

PLANCHE XIX.

Deux soffites d'un morceau de marbre chacun.

A. B. Marquent les endroits de la planche XVI auxquels appartiennent ces soffites.

PLANCHE XX.

A. Fenêtre du temple du côté du pérystile.

B. La même fenêtre en-dedans de la celle.

PLANCHE XXI.

Vue du Temple du Soleil, tirée de l'angle de la cour, qui est au nord-ouest.

A. Le temple.

B. Deux demi-colonnes ioniques à chaque bout de la celle du temple. Nous n'en avons pas pu prendre les mesures.

C. Les huttes des Arabes.

D. Partie du pavé de la cour du temple plus basse que le reste *.

E. Le portique de la cour du temple.

* Voy. pl. III.

PLANCHE XXII.

Plan et élévation du côté oriental de l'arc marqué H dans la planche I.

A. Fronton supposé.
B. L'archivolte du milieu.
C. L'imposte de l'archivolte.
D. L'archivolte des côtés.
E. L'imposte de cet archivolte.
F. Bas-relief * du pilastre.
G. Bas-relief du pilastre au-dessous de l'imposte de l'arc du milieu.
H. Bas-relief du pilastre au-dessous de l'imposte de l'arc des côtés.
I. Niche.
K. Dans le plan. Saillie du chapiteau du pilastre où aboutissent les colonnades du portique du côté occidental de cet arc **.

* Voyez la même lettre dans la planche suivante.

** Voyez la lettre I dans la pl. XXIV.

PLANCHE XXIII.

Pilastre de l'arc précédent, avec son chapiteau et son entablement.

A. Modillon angulaire.
F. Bas-relief du pilastre en grand *,

* Voyez dans la planche précédente.

PLANCHE XXIV.

A. Plan du modillon angulaire de la planche précédente, avec le soffite de la corniche.
B. Archivolte du milieu en grand.
C. L'imposte de cet archivolte.
D. Archivolte des côtés en grand.
E. L'imposte de cet archivolte.
F. Voyez cette lettre dans la planche précédente.

G. Bas-relief du pilastre, au-dessous de l'imposte de l'arc du milieu, représenté en grand.

H. Bas-relief du pilastre, au-dessous de l'imposte de l'arc des côtés, représenté en grand.

I. Bas-relief du pilastre du côté occidental de l'arc, dont la saillie est marquée K dans le plan de la planche XXII.

K. Soffite de l'arc du milieu.

L. Modillon et chapiteau du pilastre dont le bas-relief est marqué I dans cette planche.

M. Profil du même modillon et chapiteau.

aa, bb, cc, doivent se mesurer avec la petite échelle.

PLANCHE XXV.

Plan et élévation du côté occidental de l'arc représenté planche XXII.

On en a donné l'explication dans les trois planches précédentes. Le pilastre avec ses ornements, marqués I, L, M, dans la dernière planche, est couvert dans celle-ci par les colonnes du portique, qui aboutit à ce côté-ci de l'arc.

PLANCHE XXVI.

Vue de l'arc du côté de l'Orient.

A. Le grand arc dans son état présent.

B. Côté du grand portique qui aboutit à l'arc.

C. Partie du grand portique qui aboutit au sépulcre *. Cette partie, de même que le sépulcre, ne sont pas tout-à-fait placés juste, par la faute du dessinateur.

D. Sépulcre *.

E. Temple marqué M dans la planche I.

F. Édifice marqué 12 dans la planche II.

* Voyez pl. XXXVI.

PLANCHE XXVII.

Plan du petit temple marqué M dans la planche I, avec le plan et les sections de l'aquéduc dont on a parlé page 35.

A. plan de l'aquéduc.
B. Plan des ouvertures qui servaient à le tenir en ordre.
C. Marches pour descendre dans l'eau.
D. Section verticale de l'aquéduc.
E. Section horizontale de l'aquéduc.
F. Soffite de l'aquéduc, d'une pierre de largeur.
G. Hauteur de la terre qui couvre l'aquéduc.

PLANCHE XXVIII.

Élévation de la façade et du côté du temple dont on a donné le plan dans la planche précédente.

A. Fronton supposé.
B. Piédestal pour des statues, saillant du fût de la colonne.
C. Toit supposé.
D. Profil des piédestaux saillants.

PLANCHE XXIX.

Base, chapiteau et entablement du temple précédent.

Voyez le soffite de la corniche planche XXXII.

PLANCHE XXX.

Fenêtres du même temple.

A. Fenêtre en-dedans de la celle.
B. La même fenêtre en-dehors.

PLANCHE XXXI.

Vue du même temple.

A. État présent du temple : ce qui en reste.
B. Partie du grand portique.
C. Sépulcres marqués a dans la planche I.

PLANCHE XXXII.

Plan et élévation des piédestaux marqués O dans la planche I.

A. Entablement carré, soutenu par quatre colonnes.
B. Piédestal pour une statue.
C. Plinthe double.
D. Plan des quatre colonnes, de leur soubassement, et du piédestal au milieu.
E. Soffite de la corniche représentée planche XXIX. Il faut la mesurer avec l'échelle de cette planche-là.

PLANCHE XXXIII.

Base, chapiteau et entablement des colonnes précédentes.

PLANCHE XXXIV.

A. Soffite de la corniche et de l'architrave précédentes.
B. Soffite soutenu par les quatre colonnes *.
C. Section du soffite.
D. Frise du soffite. L'architrave est la même que celle du dehors **.

* Voyez pl. XXXII.

** Voyez pl. XXXIII

PLANCHE XXXV.

Vue de l'arc du côté de l'Occident.

A. Le temple du Soleil.
B. La grande colonne marquée G planche I.
C. L'arc.
D. Côté du grand portique.
E. L'édifice marqué I dans la planche I.
F. Partie d'en haut d'une colonne que les Turcs ont placée ici; mais nous n'avons pas pu apprendre à quel dessein.

PLANCHE XXXVI.

Plan du sépulcre marqué W dans la planche I.

A. Endroits où reposaient les morts dans le fond du sépulcre.
B. Endroit séparé des autres, pour des corps, avec quatre colonnes d'un ordre plus grand que celui des côtés. Ces colonnes sont rompues.
C. Endroits pour des corps dans les angles.
D. Endroits où reposaient les corps de chaque côté.
E. Portique.

PLANCHE XXXVII.

Elévation du sépulcre, avec un des soffites des endroits où étaient les corps.

A. Fronton.
B. Soffite d'un seul morceau de marbre.

PLANCHE XXXVIII.

Base, chapiteau et entablement du sépulcre en dehors.

Voyez le soffite de la corniche planche XLI.

PLANCHE XXXIX.

Section du sépulcre.

A. Section du mur au-dessus de la porte.

B. Côté de la porte.

C. Espace entre l'ordre de côté et le soffite.

D. Endroits pour les corps.

E. Soubassement.

F. Soffite d'un morceau de marbre, qui forme le profil de la corniche.

G. Côté des endroits pour les corps.

H. Plancher de ces endroits.

I. Endroit du sépulcre où il y avait des urnes.

PLANCHE XL.

Base, chapiteau et entablement du même sépulcre en dedans.

PLANCHE XLI.

A. Soffite de la corniche * en-dehors.

B. Soffite de l'architrave en-dehors.

C, D. Deux soffites des endroits où étaient les corps **.

* Voyez pl. XXXVIII.

** Voyez pl. XXXVI.

PLANCHE XLII.

Trois autres soffites des mêmes endroits.

A et B. appartiennent au sépulcre précédent.

C. Appartient au sépulcre en ruine marqué T planche I.

PLANCHE XLIII.

Vues particulières de quelques ruines.

A. Temple du Soleil.

B. Colonne marquée G dans la planche I.

C. L'arc.

D. Le grand portique.

E. Le petit temple marqué M dans la planche I.

F. Grande colonne isolée, du fût de laquelle nous avons copié la troisième inscription grecque.

G. Édifice marqué I dans la planche I.

PLANCHE XLIV.

Plan d'un édifice sur l'architrave duquel nous avons trouvé la vingt-septième inscription.

A. Le corps de l'édifice.

B. Le vestibule.

C. Portique de devant.

D. Portique à chaque côté.

PLANCHE XLV.

Élévation du même édifice.

A. Fronton supposé.

B. Porte.

C. Niche.

D. Fausse-porte.

E. Le dé du piédestal.

PLANCHE XLVI.

Base, chapiteau et entablement de la planche précédente.

Voyez le soffite de la corniche planche LV.

PLANCHE XLVII.

Ornements du dedans du portique de devant.

B. Grande porte.
C. Niche.
D. Fausse-porte.

PLANCHE XLVIII.

*Ornements de la grande porte * en grand.*

* Voyez Pl. XLVII.

A. Profil extérieur du modillon angulaire.
B. Bas-relief en grand du cavet du vestibule B du plan.

PLANCHE XLIX.

*La fausse-porte * en grand.*

* Voyez D, pl. XLVII.

PLANCHE L.

*La niche * en grand.*

* Voyez C, pl. XLVII.

PLANCHE LI.

A. Pilastre * du portique de devant.
B. Bas-relief du flanc de la grande porte.
C. Section de la niche **.
D. Section de la fausse-porte ***.
E. Section de la saillie au-dessous de la niche.
F. Bas-relief du soffite cintré de la niche ****.
G. Soffite de la saillie au-dessous de la niche.

* Voyez pl. XLVII.
** Voyez pl. L.
*** Voyez pl. XLIX.
**** Voyez la lettre C.

PLANCHE LII.

Vue de l'édifice décrit dans les planches précédentes.

A. Château sur la montagne marqué Z dans la planche.

B. Partie de ce qui reste de l'édifice qu'on vient de décrire, et qui ressemble à la tribune d'une basilique.

C. Porte d'un édifice dont il ne reste plus rien d'élevé.

PLANCHE LIII.

Plan et élévation du sépulcre marqué y dans la planche I.

A. Élévation du sépulcre.

B. Moulures tout à l'entour.

C. Plan du sépulcre.

PLANCHE LIV.

Base, chapiteau et entablement du pilastre du sépulcre précédent.

B. Moulures en grand qui règnent autour de l'édifice, comme on voit dans la planche précédente.

PLANCHE LV.

A. Plan d'un des sépulcres marqués a dans la planche I, avec le soffite du premier étage.

B. Soffite de la corniche représentée planche XLVI. Il faut le mesurer avec l'échelle de cette planche-là.

PLANCHE LVI.

Élévation du même sépulcre.

A. Fenêtre au-dessous de laquelle est une figure en haut-relief, couchée auprès d'un cercueil.

B. La porte.

PLANCHE LVII.

Le fond et les côtés du dedans du premier étage du même sépulcre.

A. Un des côtés du sépulcre.

B. Endroits pour les corps.

C. Pilastre.

D. Section de la porte.

E. Le fond du sépulcre, où il y a une figure en haut-relief, et au-dessous de cette figure deux cercueils, avec des têtes en demi-relief.

F. Au bas sont des inscriptions palmyréniennes : nous en avons copié deux. Voyez les inscriptions palmyréniennes XI et XII.

G. Endroits pour les corps.

FIN.

Pl. I.

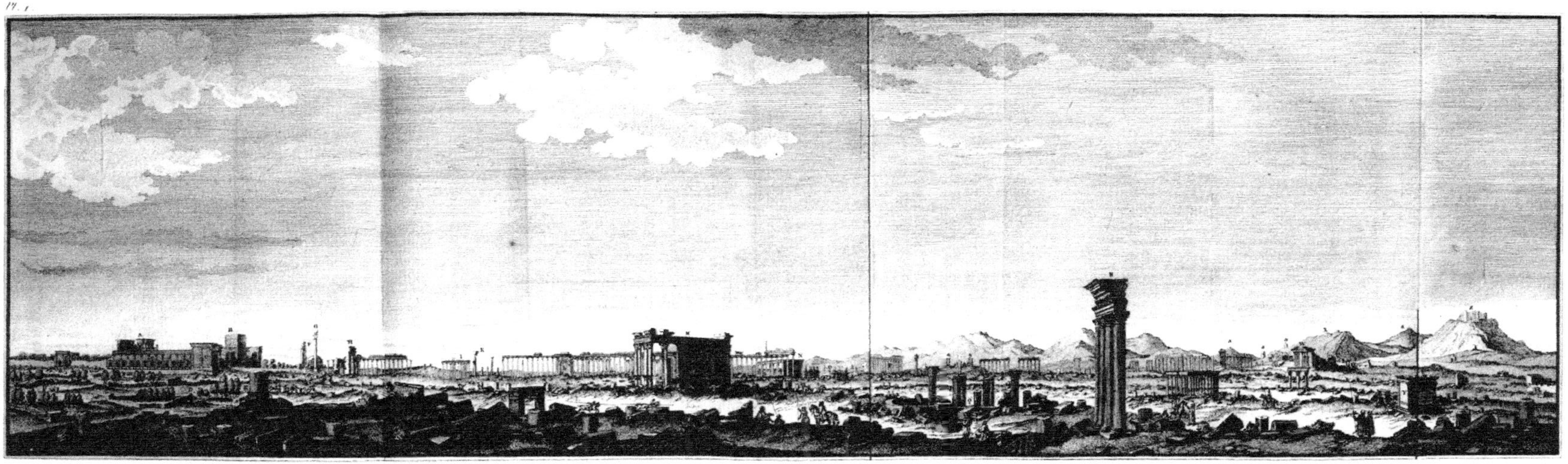

PALMIRA URBS NOBILIS SITU, DIVITIIS SOLI, & AQUIS AMOENIS, VASTO UNDIQUE AMBITU ARENIS INCLUDIT AGROS, AC VELUT TERRIS EXEMPTA A RERUM NATURA, PRIVATA SORTE INTER DUO IMPERIA SUMMA, ROMANORUM PARTHORUMQUE, ET PRIMA IN DISCORDIA SEMPER UTRIMQUE CURA. ABEST A SELEUCIA PARTHORUM, QUÆ VOCATUR AD TIGRIN CCCXXXVII MILL. PASSUUM A PROXIMO VERO SYRIÆ LITTORE, CCIII MILLIBUS, ET A DAMASCO VIGINTI SEPTEM PROPIUS. Plin. Nat Hist. Lib V.

Pl. 2.

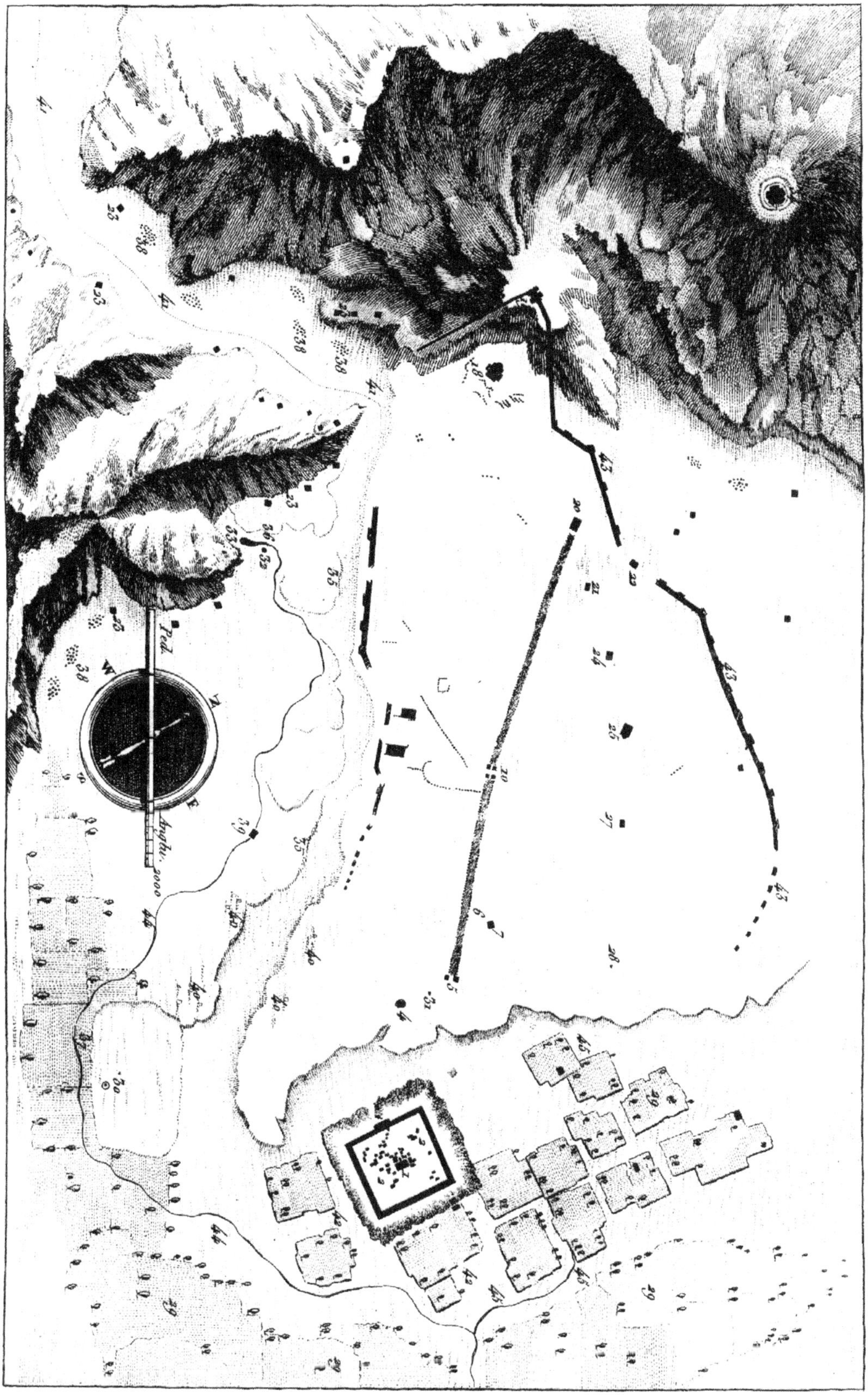

Pl. 3.

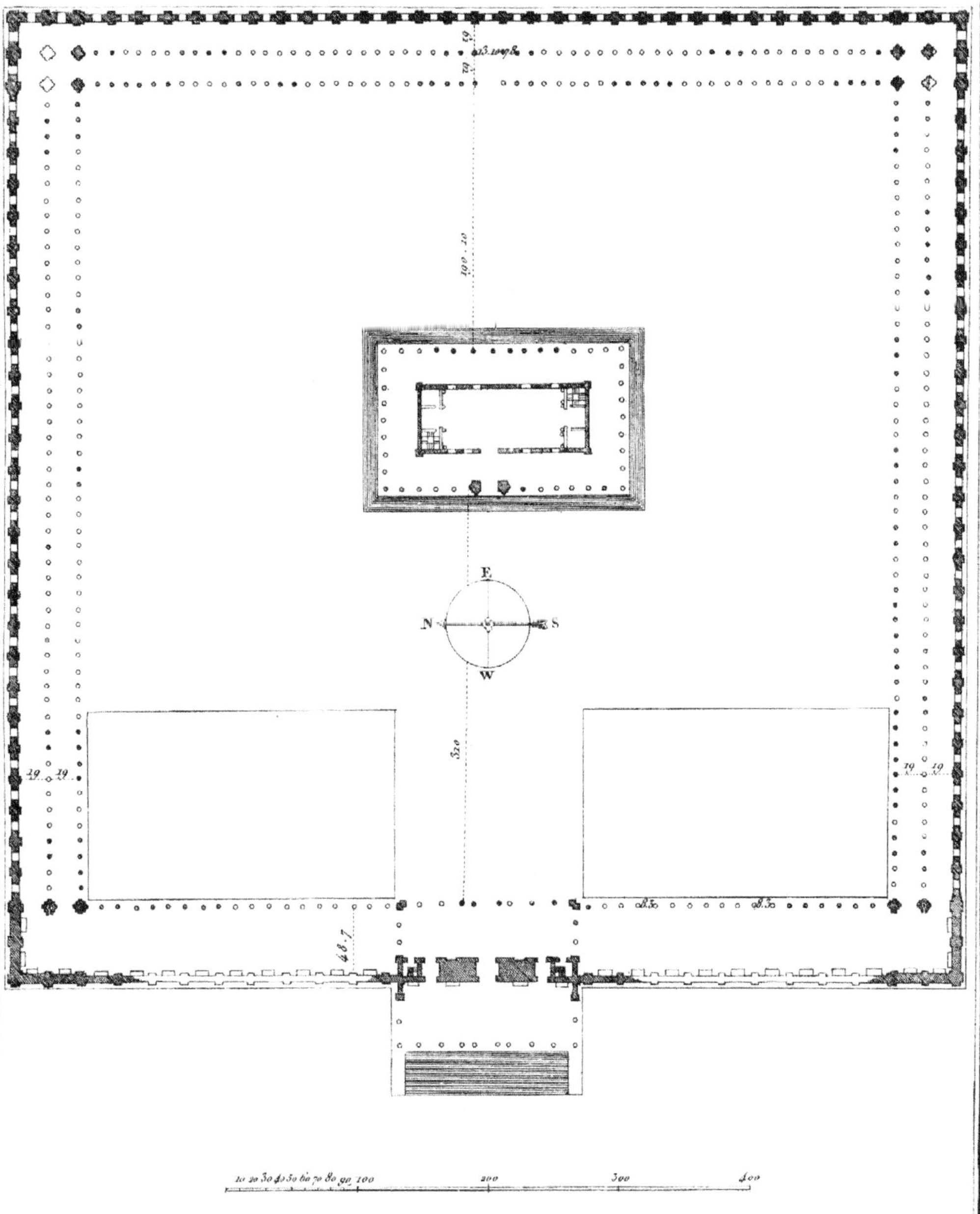
E
N
S
W
100 . 20
320
19
19
19
19
48.7
10 20 30 40 50 60 70 80 90 100
200
300
400

Pl. 4.

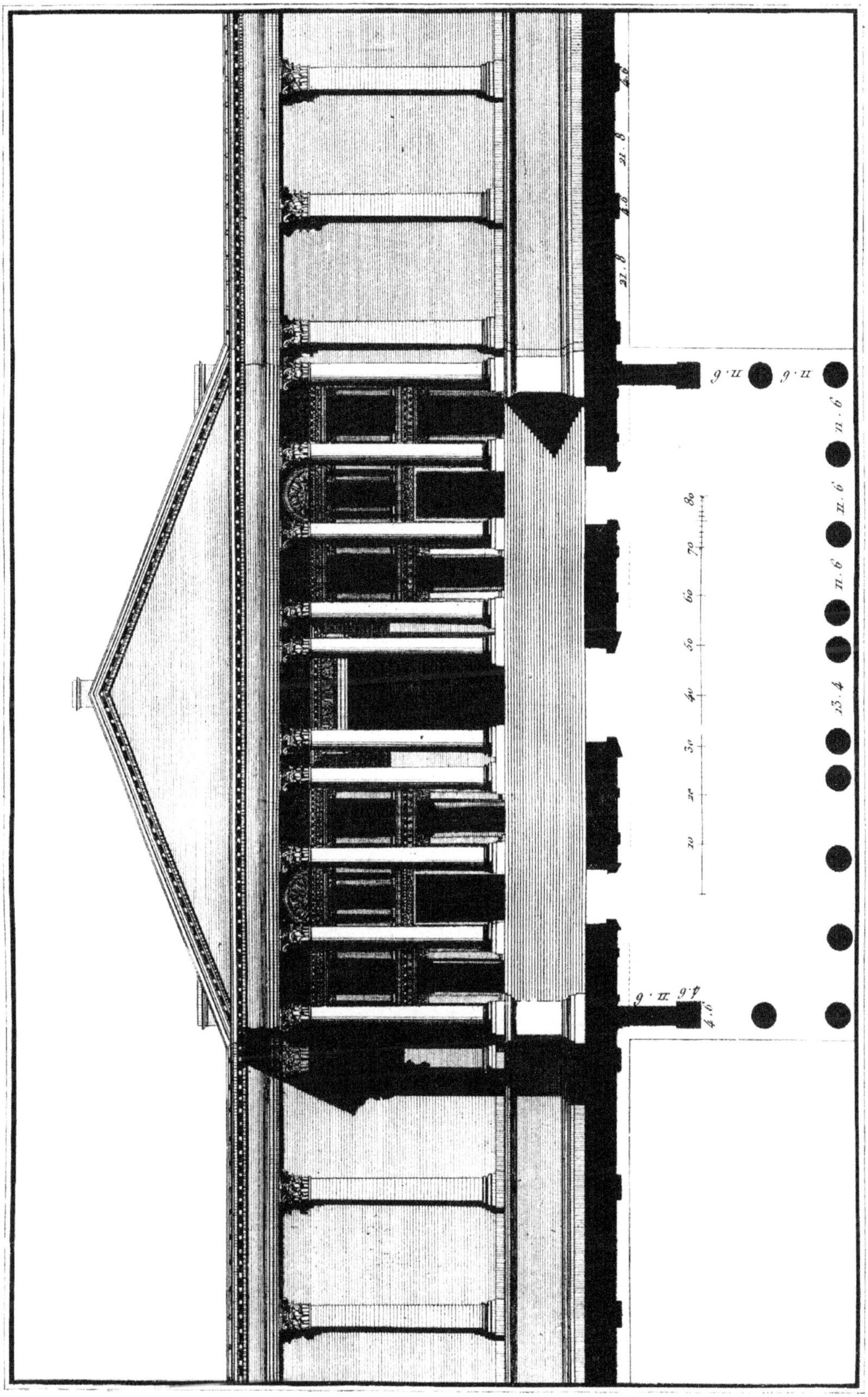

Pl. 5.

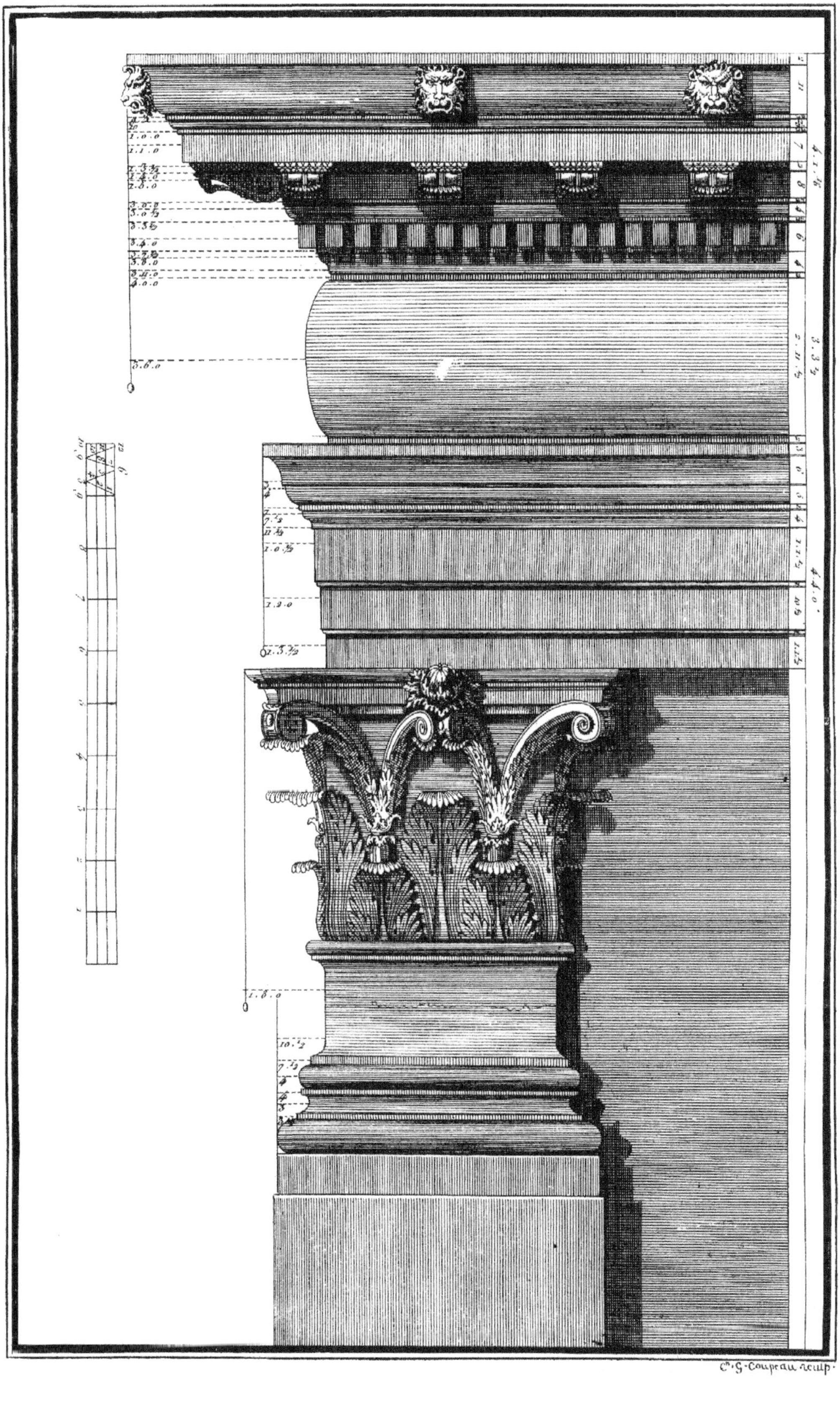

Cn. G. Coupreau sculp.

Pl. 6.

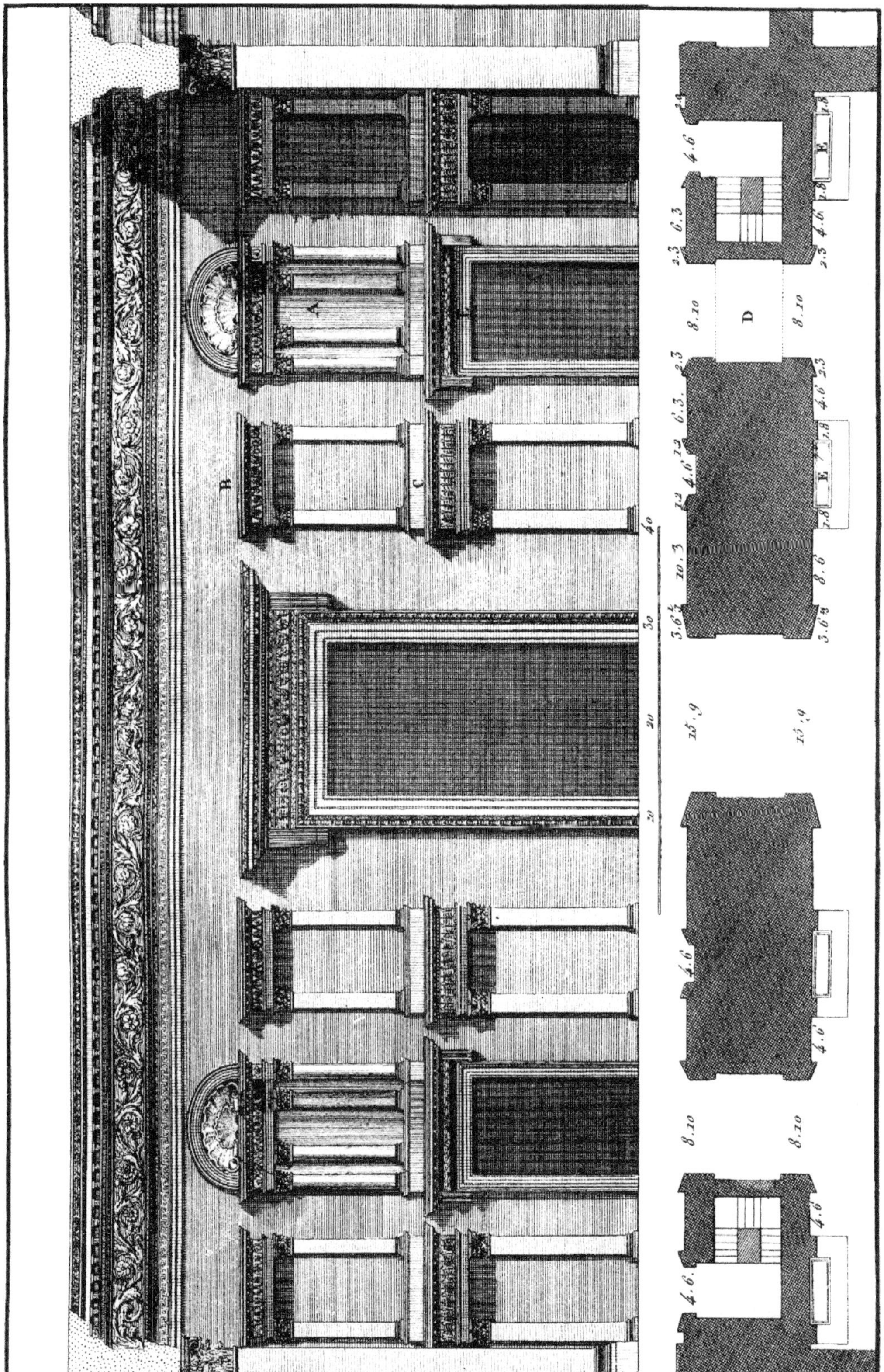

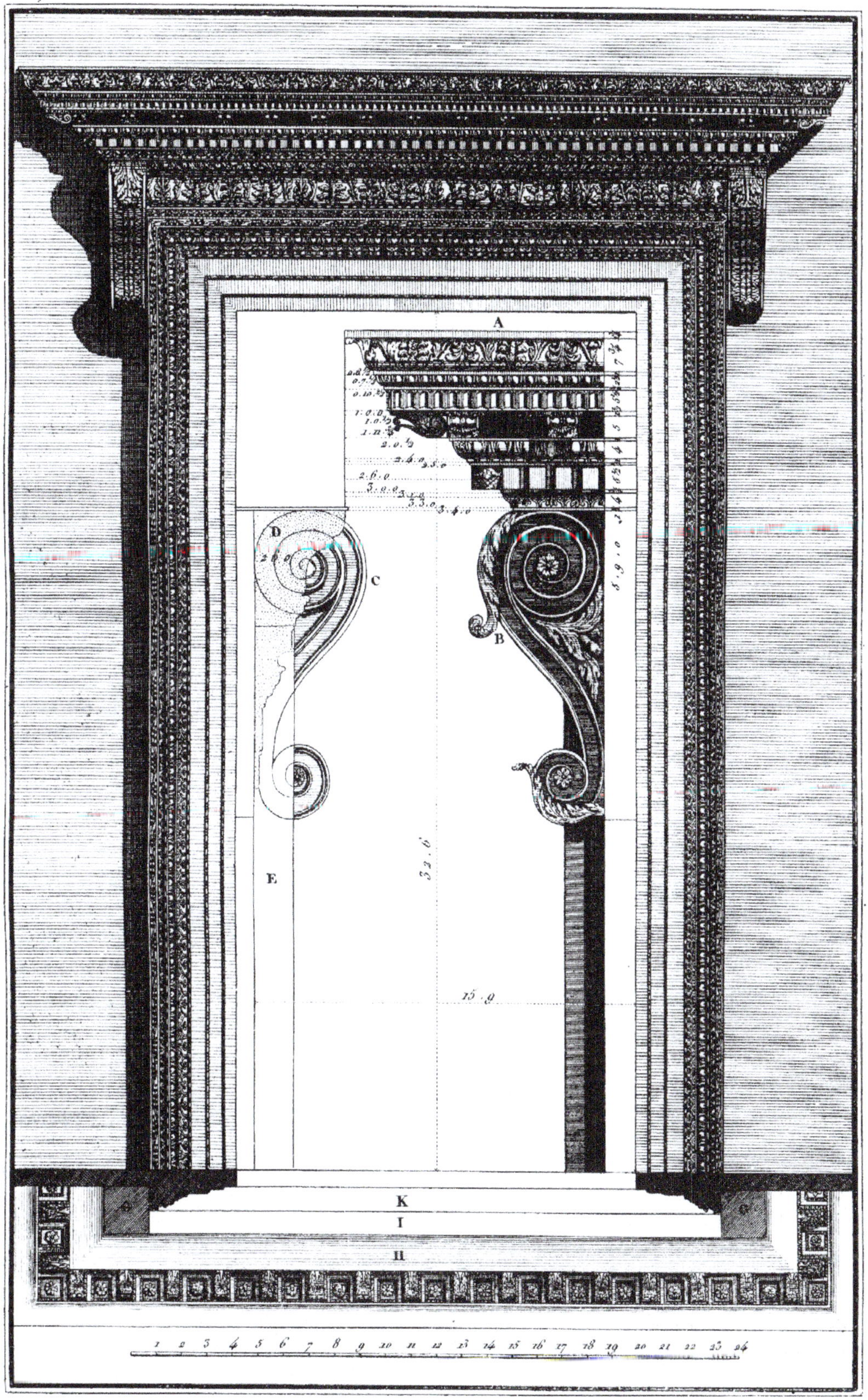
A
B
C
D
E
K
I
H
33.6
15.9
5.9.0
1 2 3 4 5 6 7 8 9 10 11 12 13 14 15 16 17 18 19 20 21 22 23 24

Pl. 8.

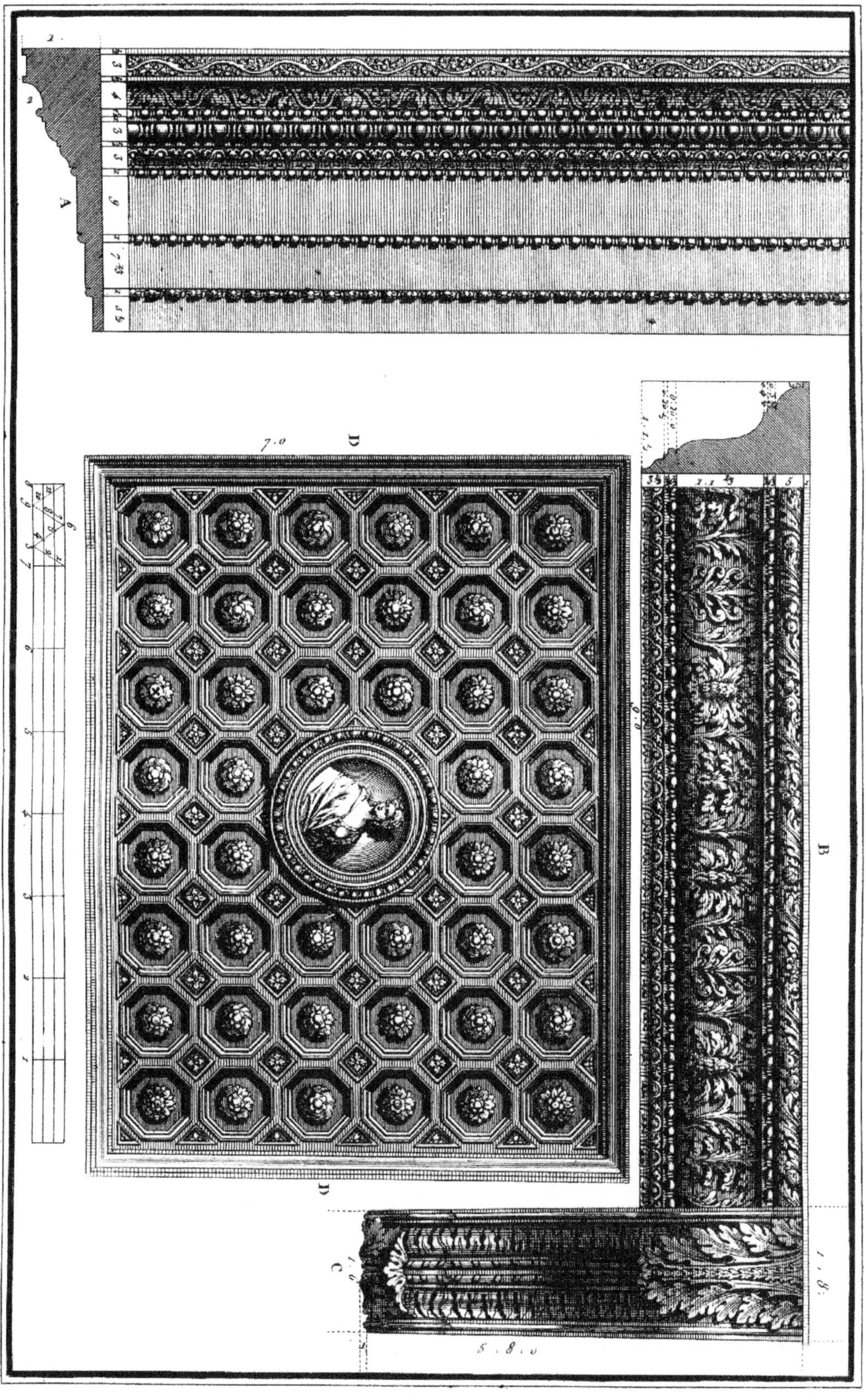

Cunego Sculp.

Pl. 9.

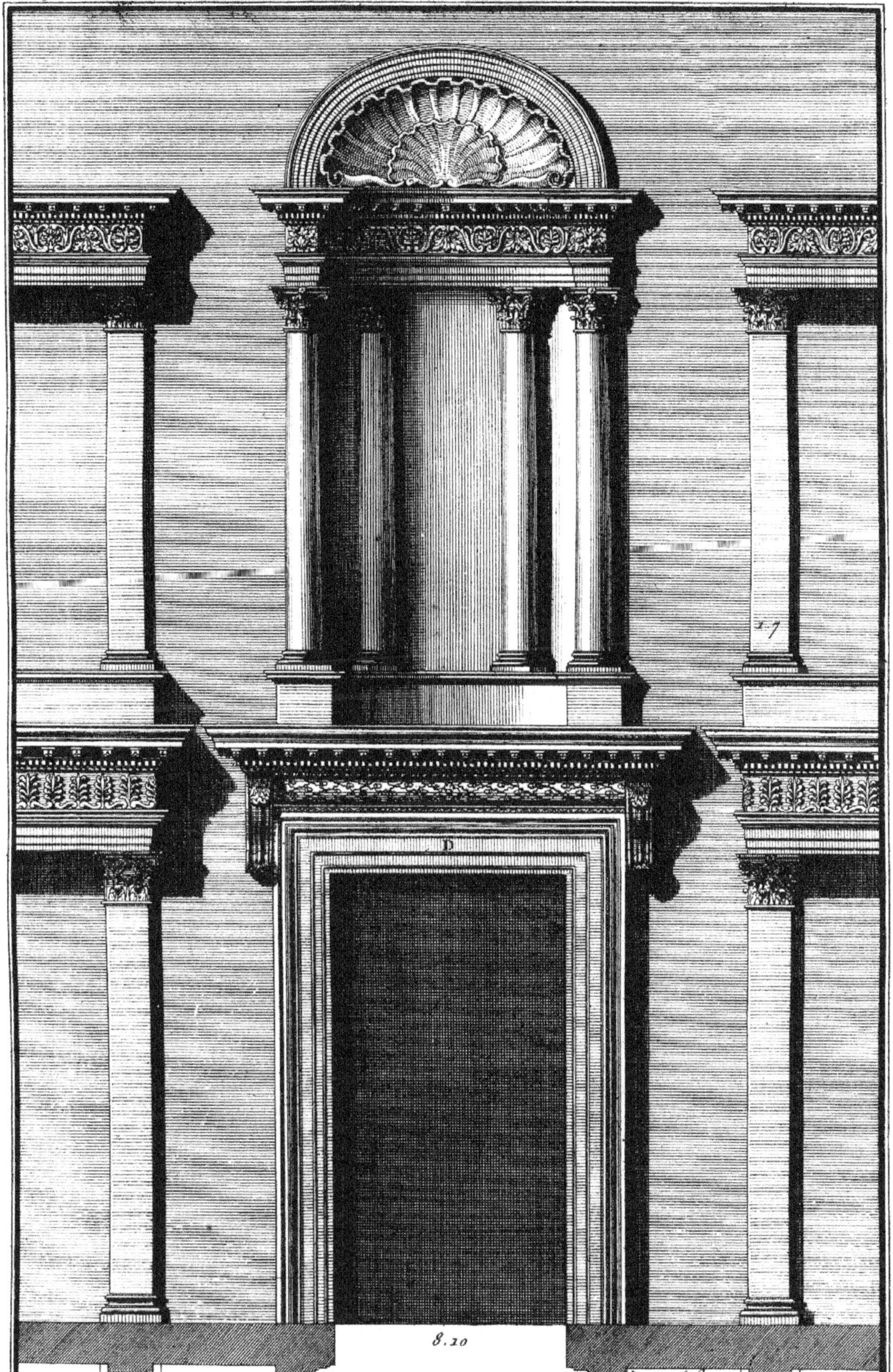

Coquet Sculp.

Pl. 10.

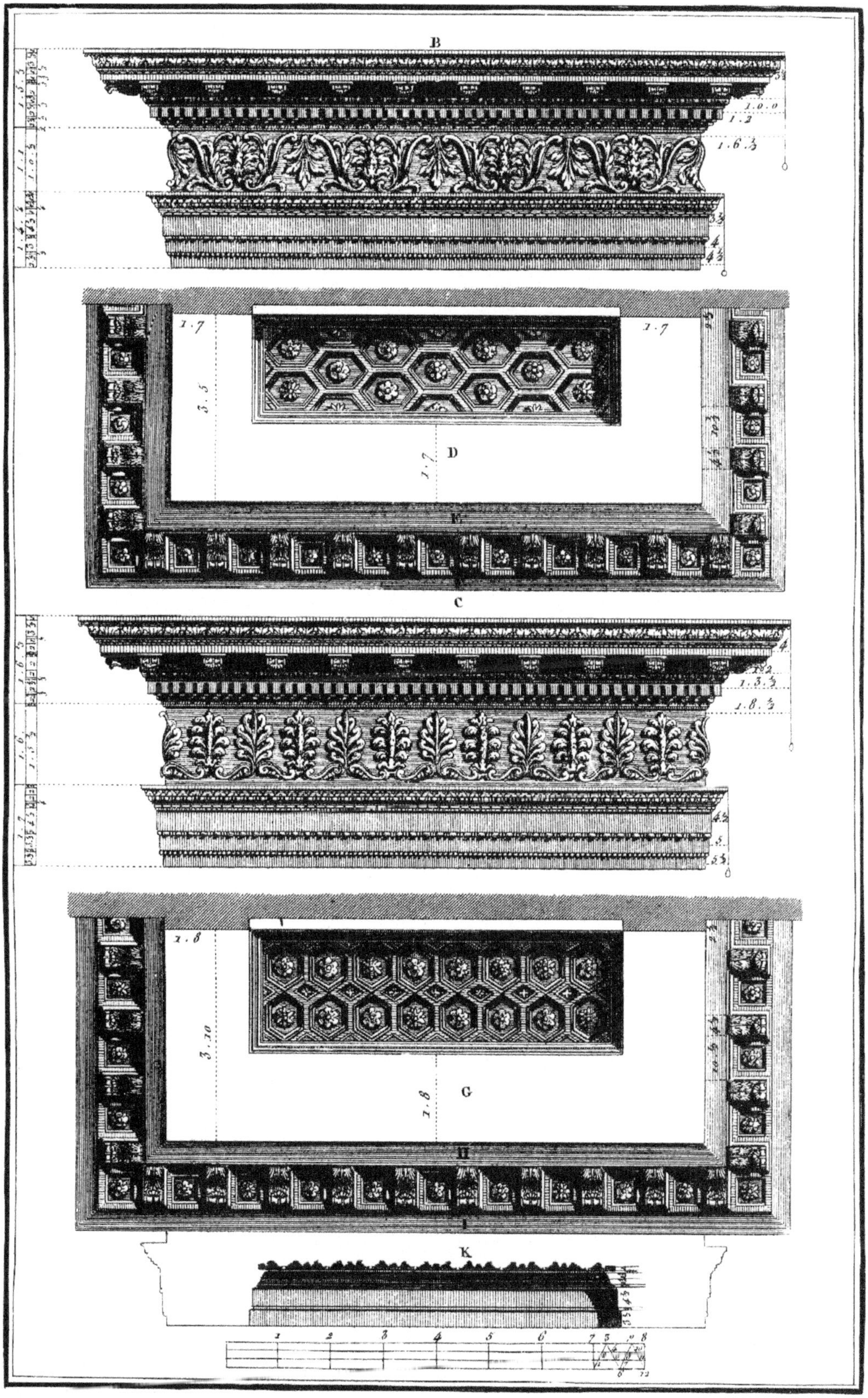

Pl. 11.

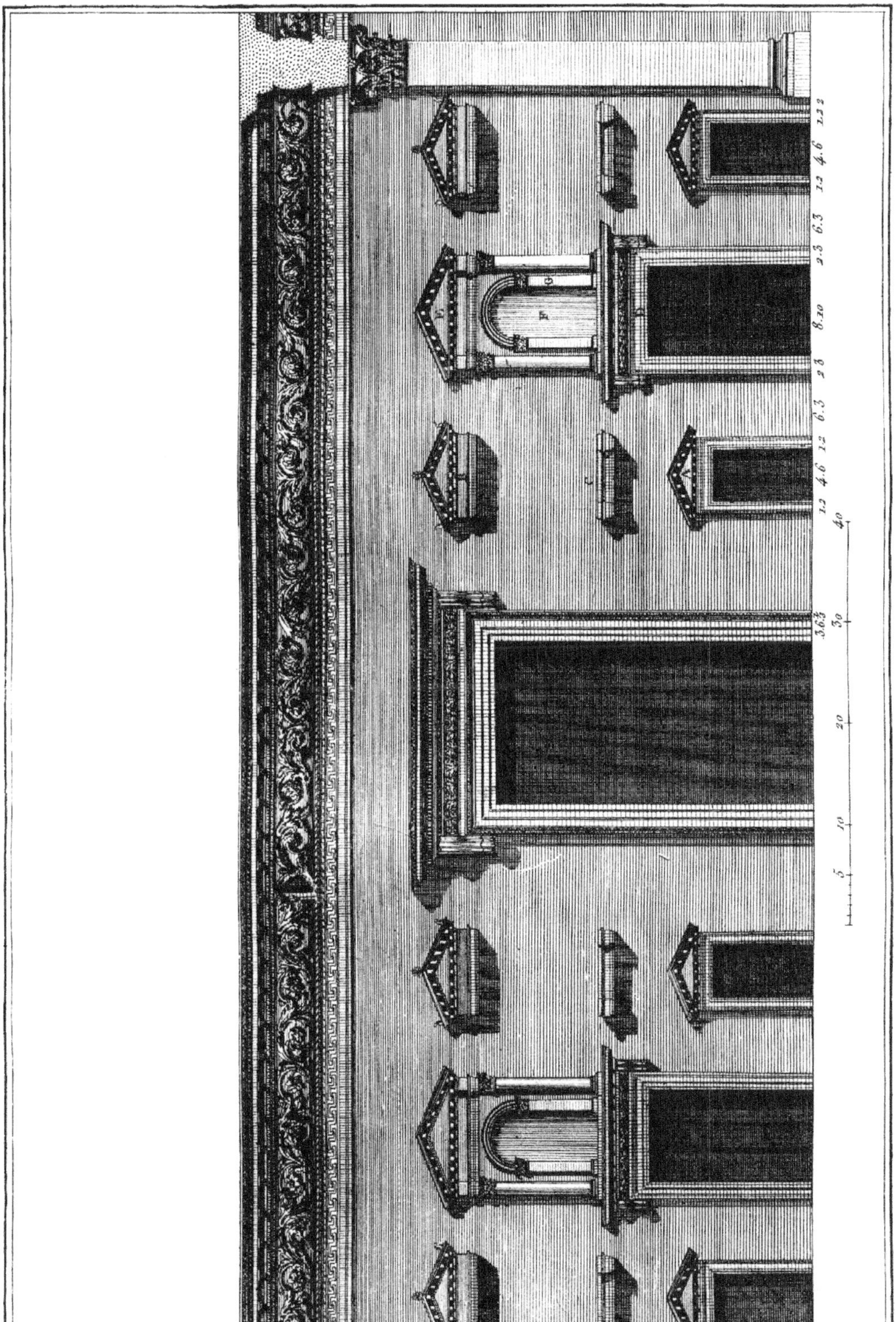

Pl. 12.

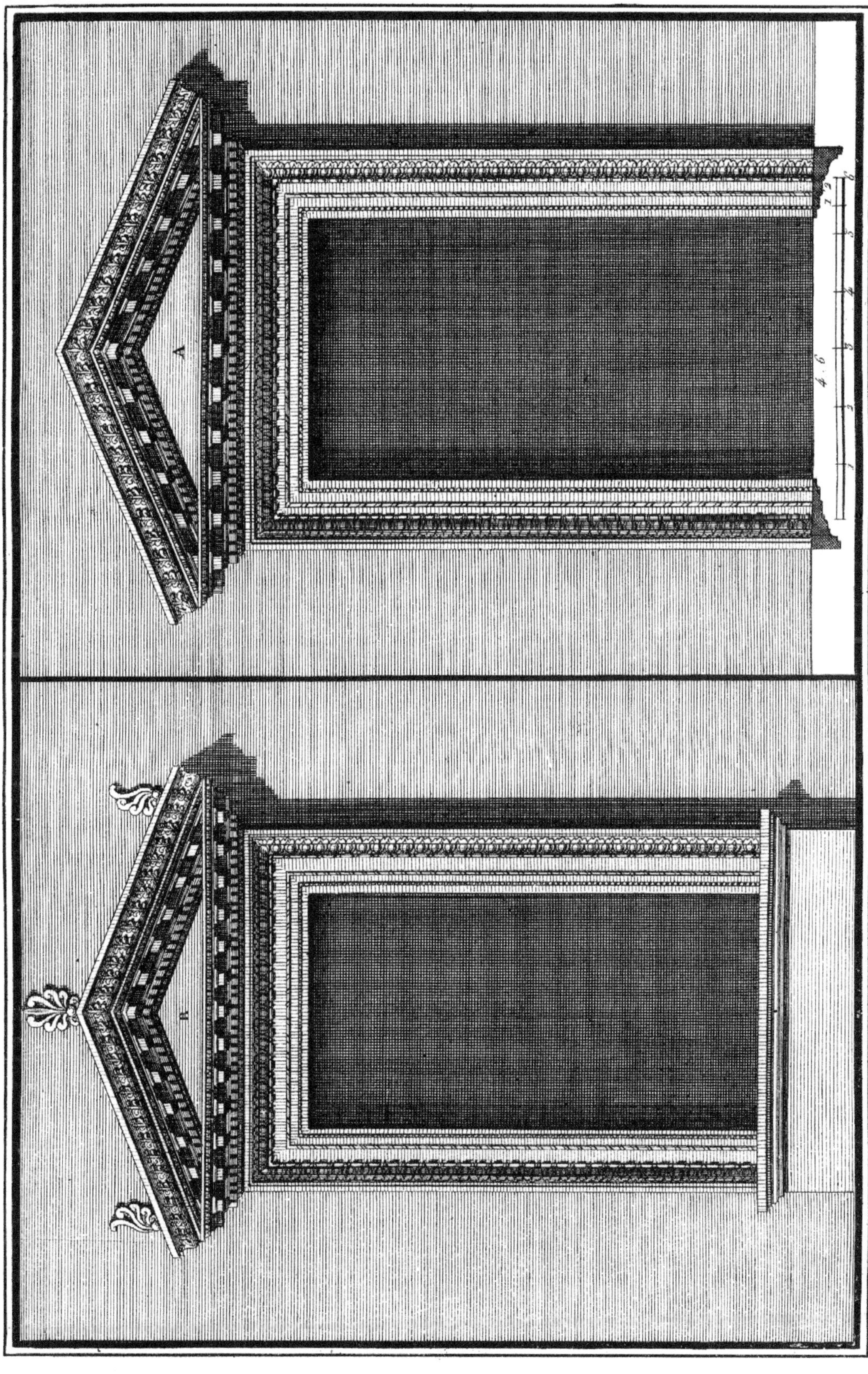

Coquet Sculp.

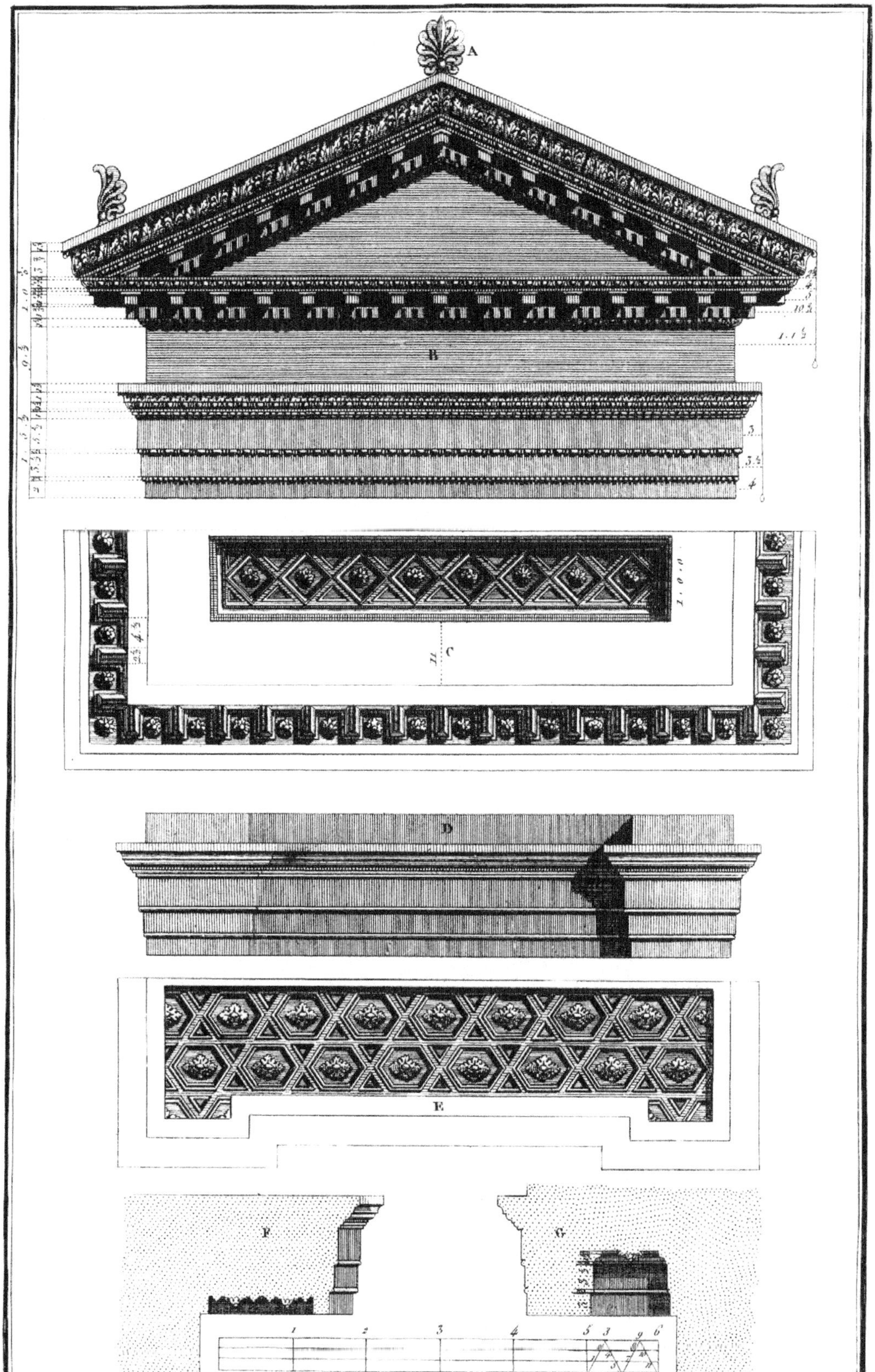
A
B
C
D
E
F
G

Pl. 14.

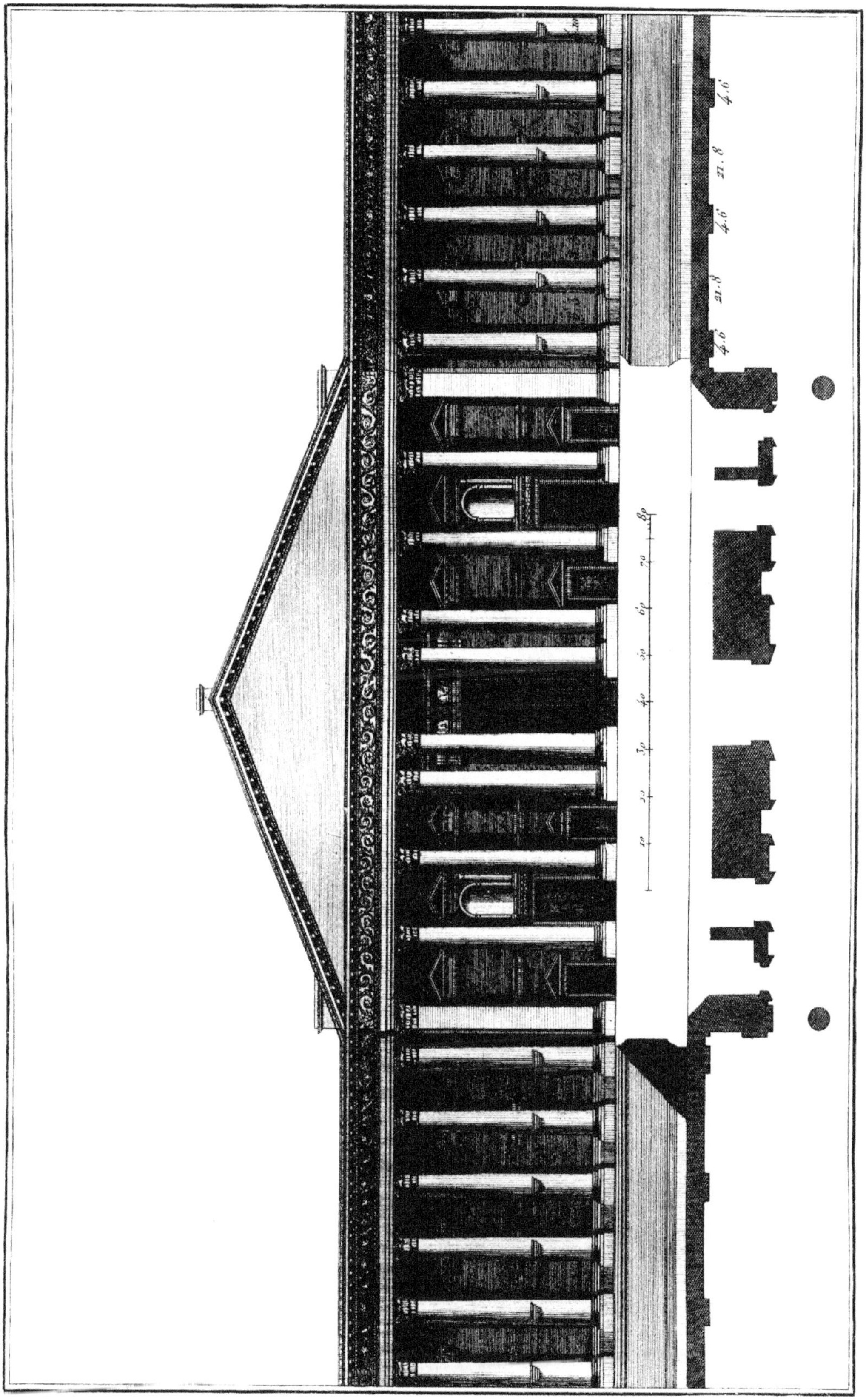

Pl. 15.

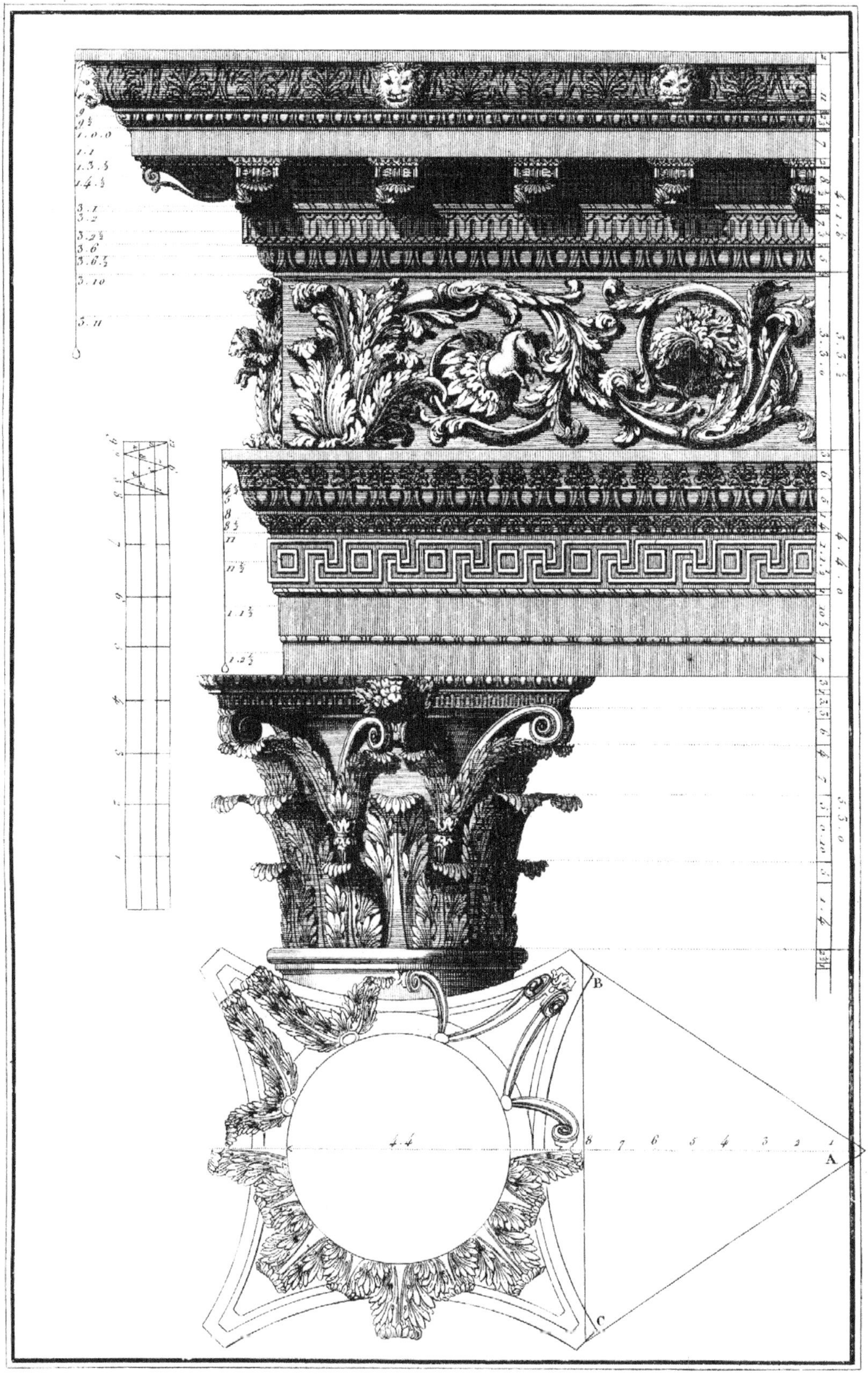

Pl. 16.

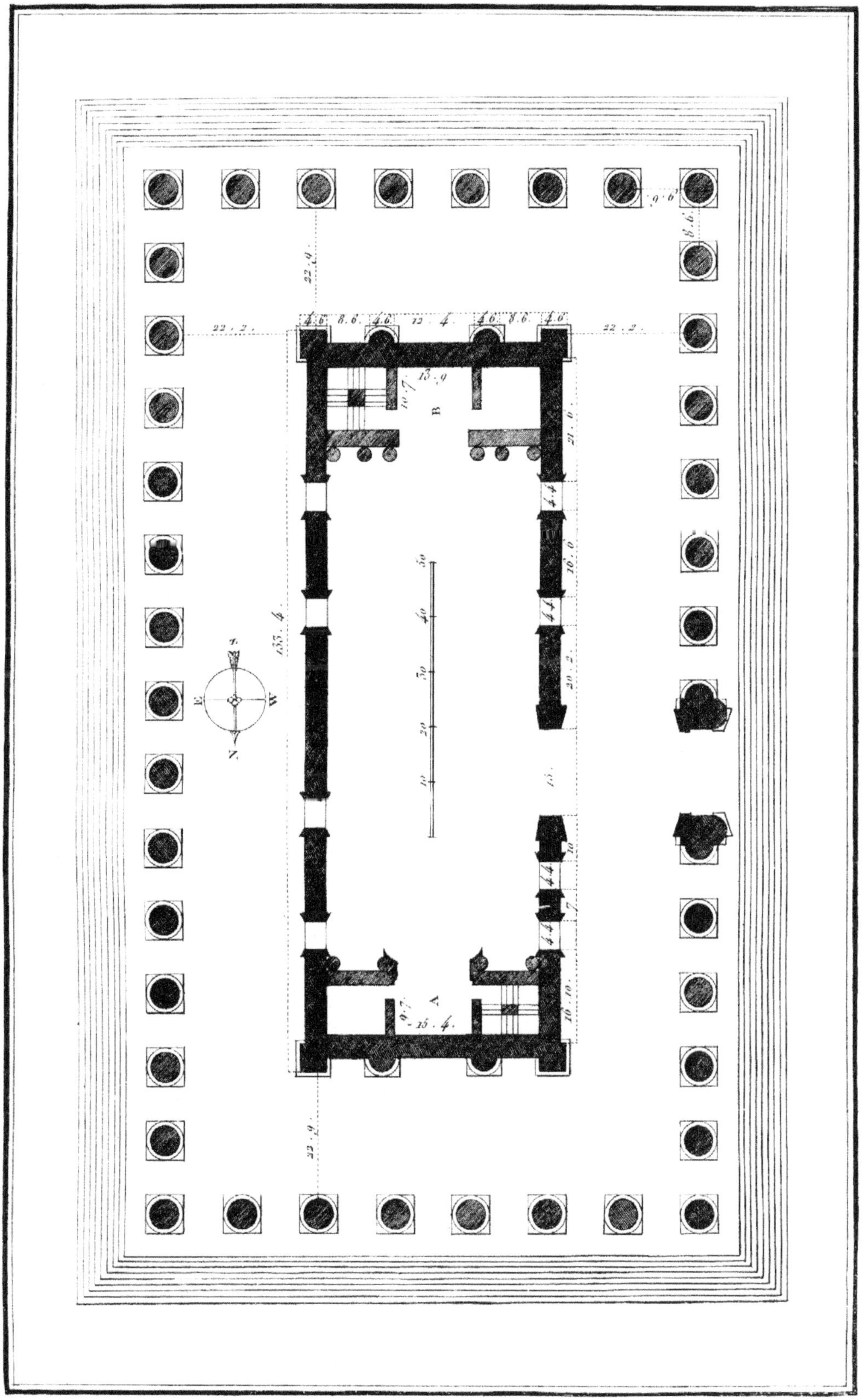

Pl. 17.

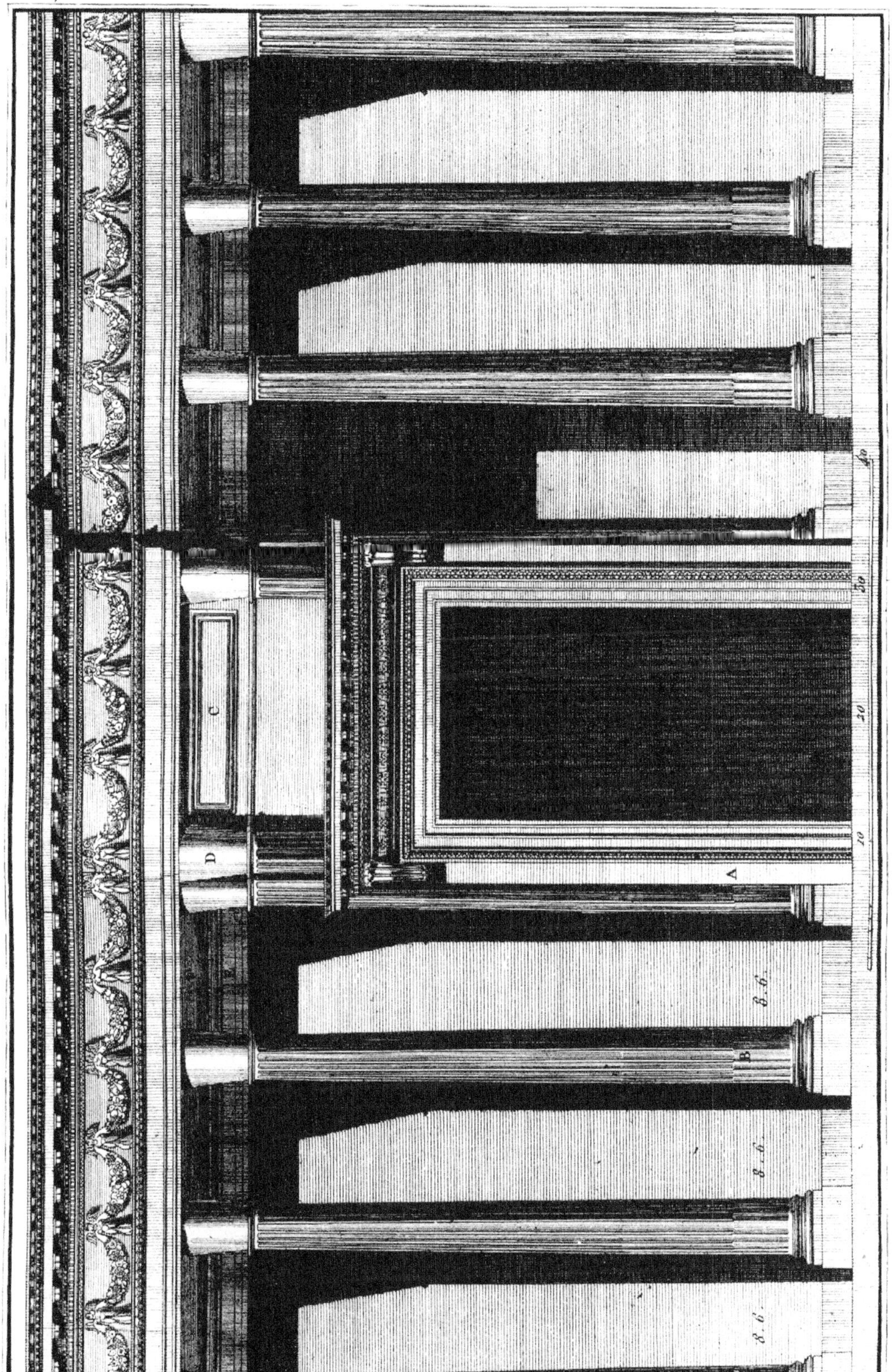

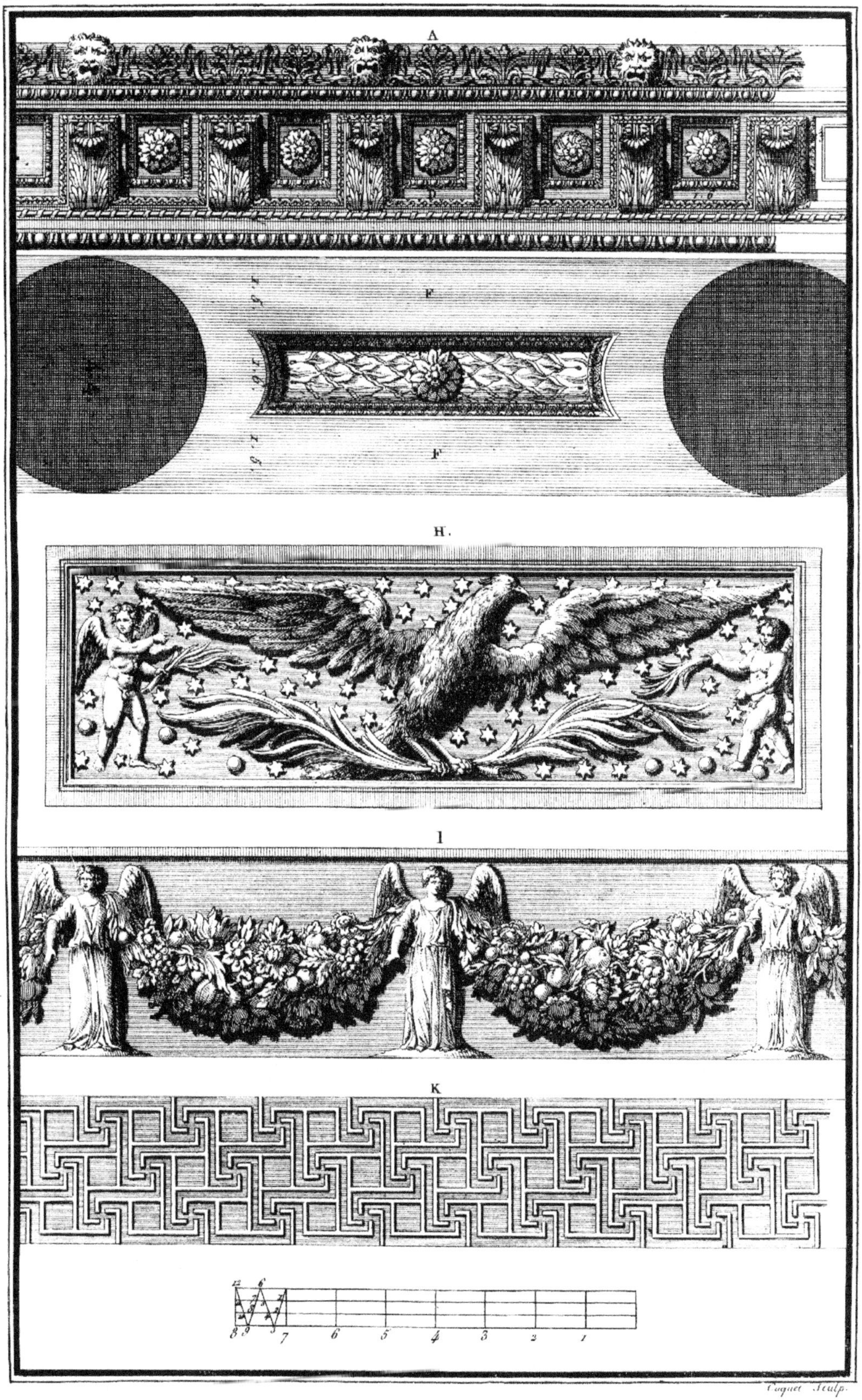

Cagnet Sculp.

Pl. 19.

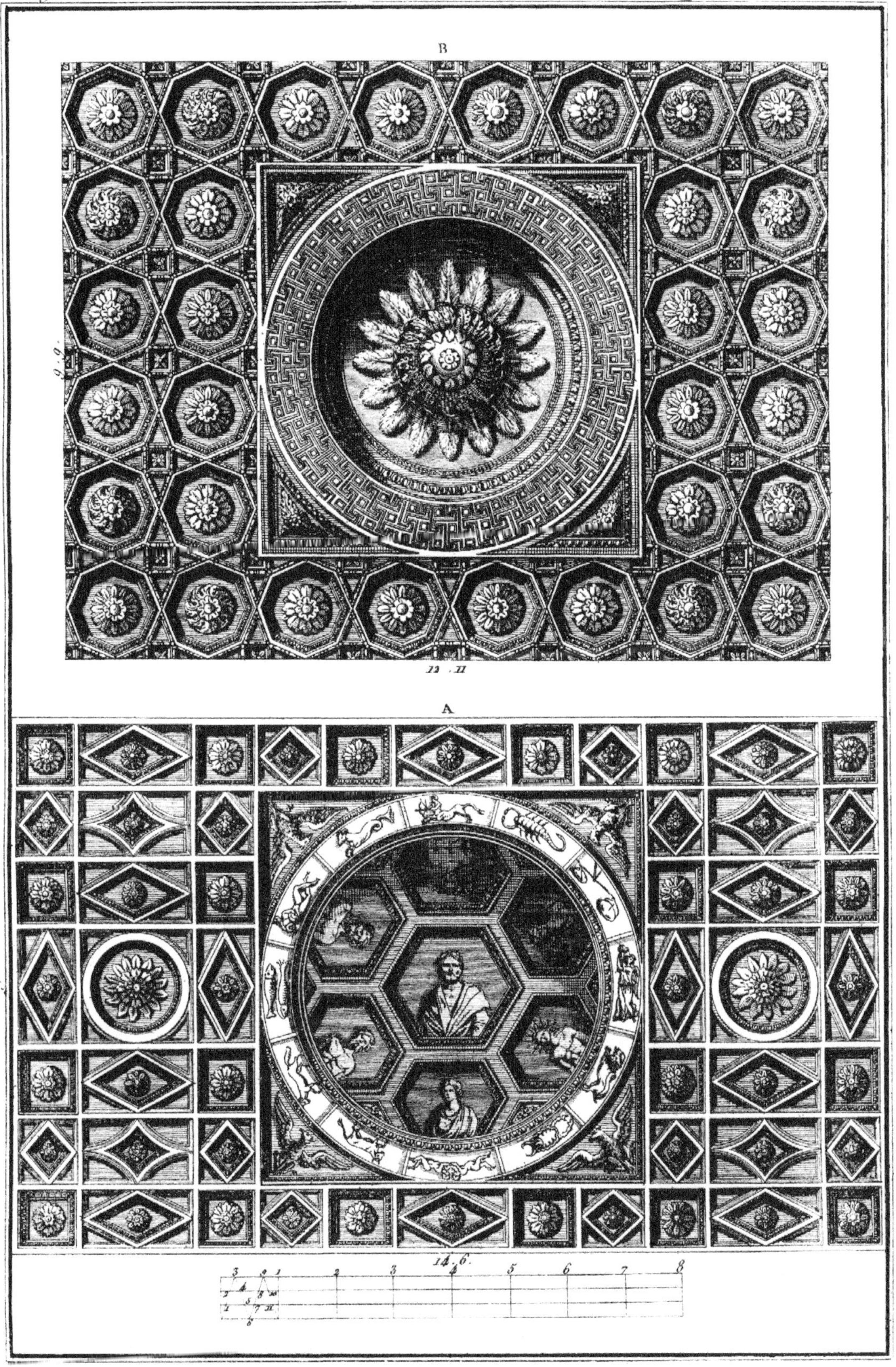

Pl. 20.

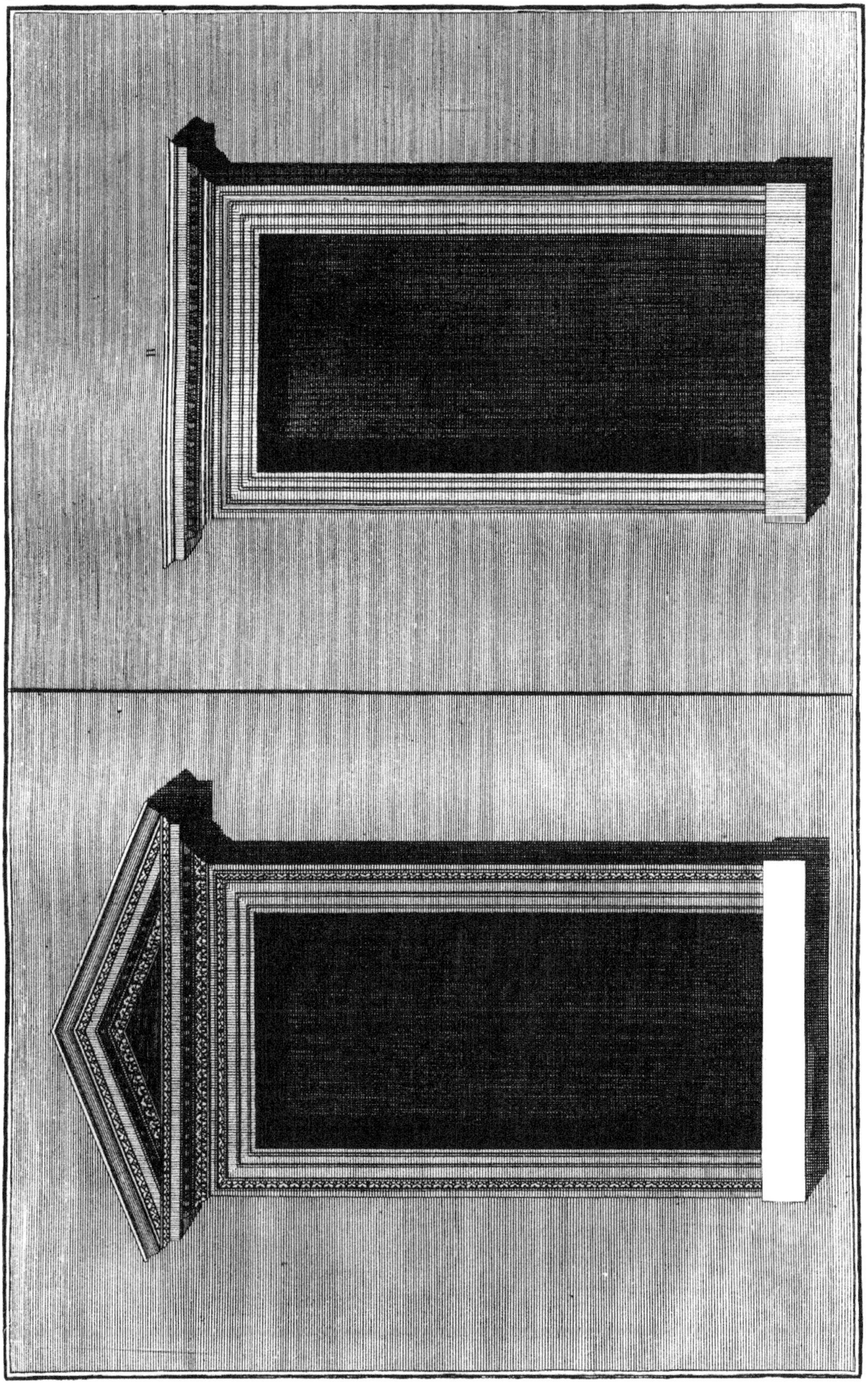

Pl. 21.

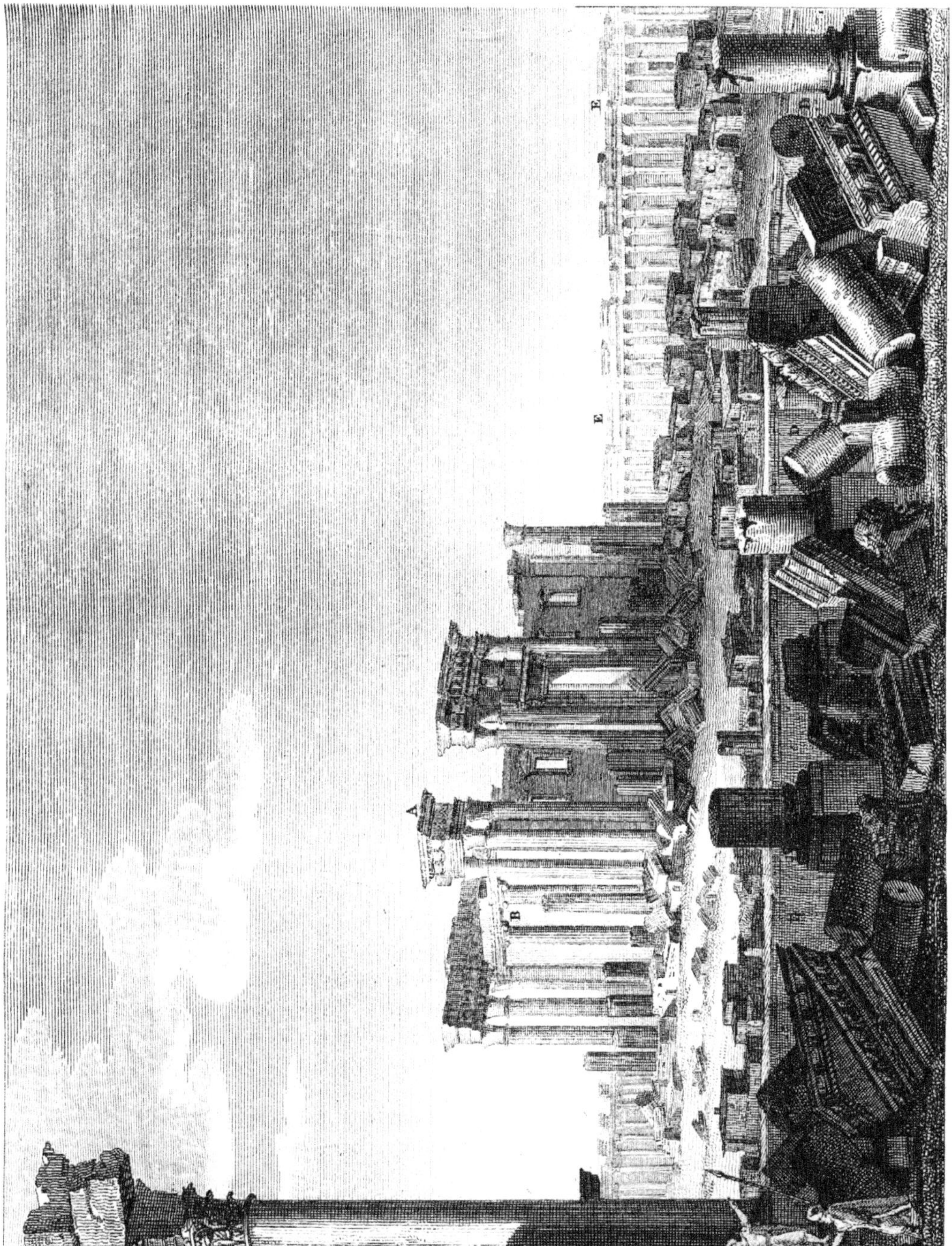

Pl. 22.

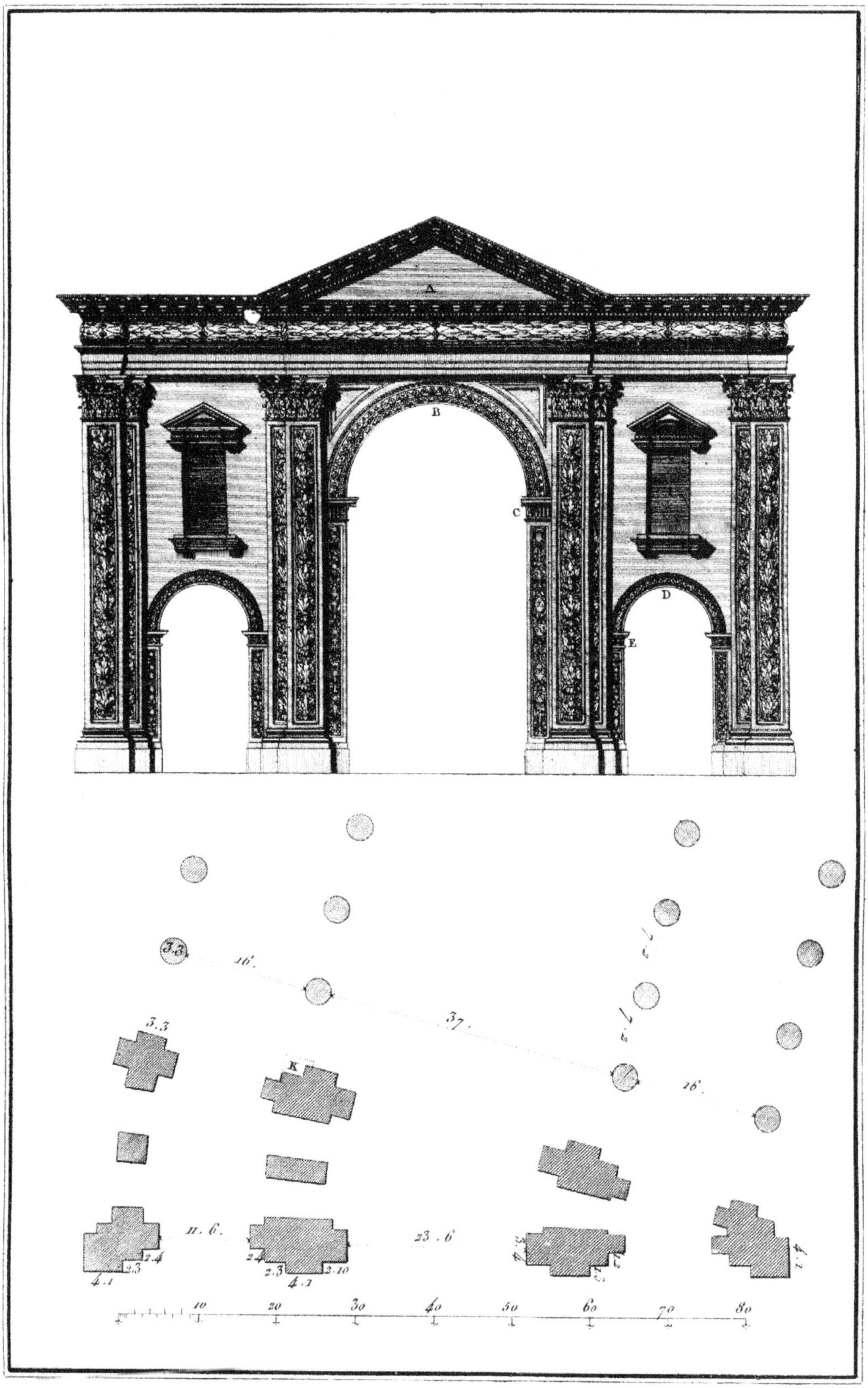
A
B
C
D
E
K
3.3
16.
37.
7.2
16.
3.3
11.6.
23.6
2.4
2.3
4.1
2.4
2.3
4.1
2.10
4.1
10
20
30
40
50
60
70
80

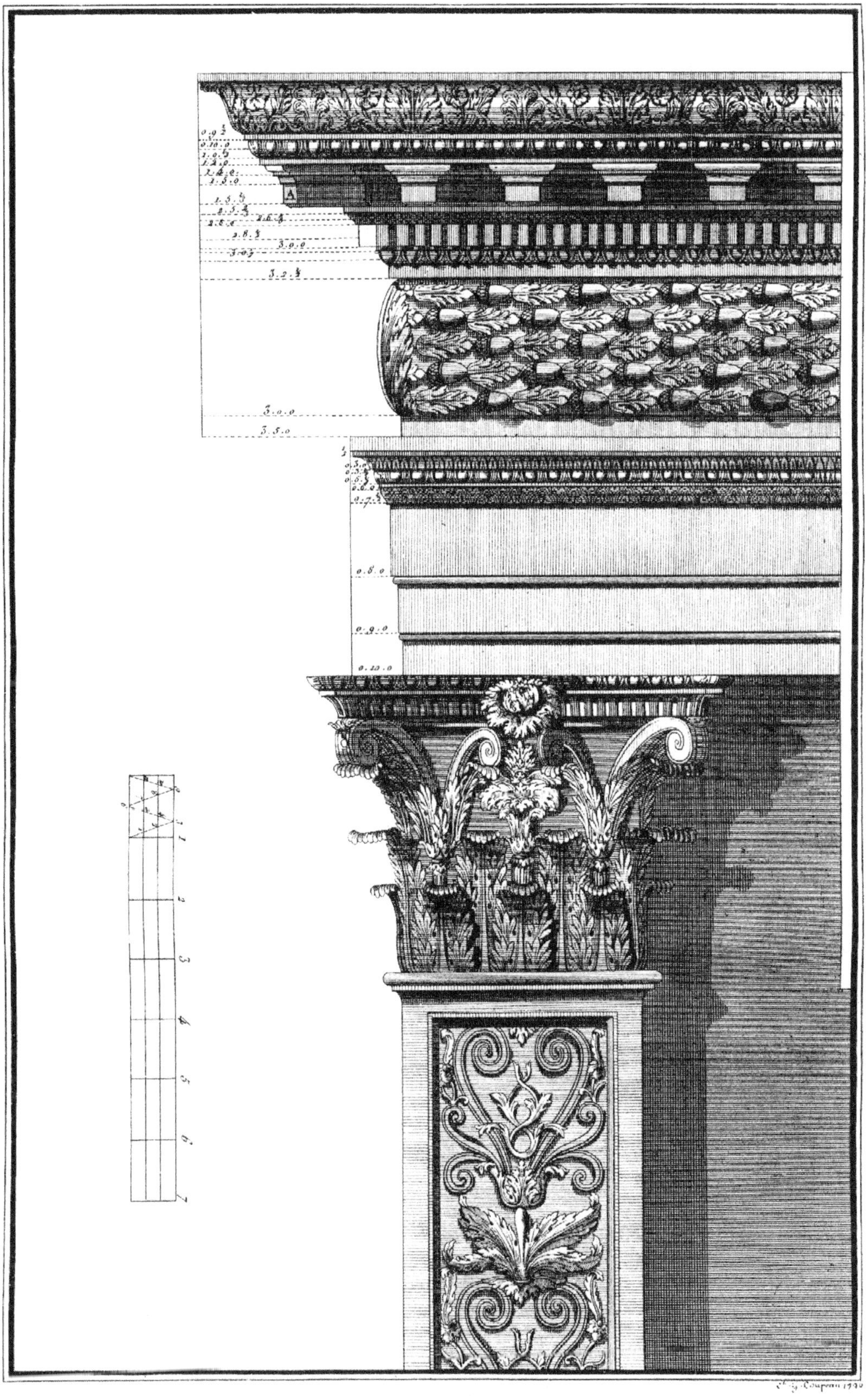

Ch. G. Coupeau 1770

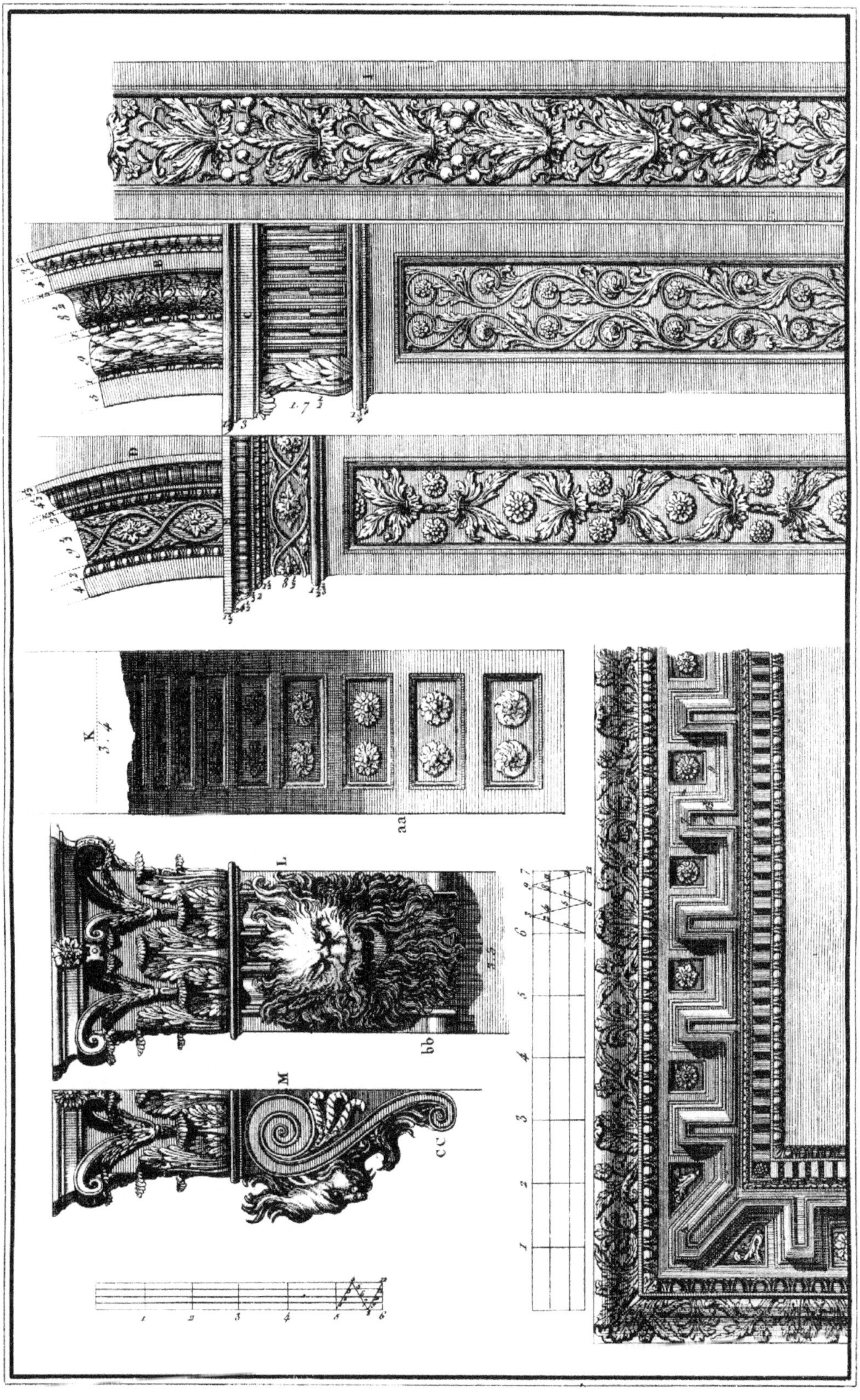
I
C
D
K
aa
L
bb
M
cc

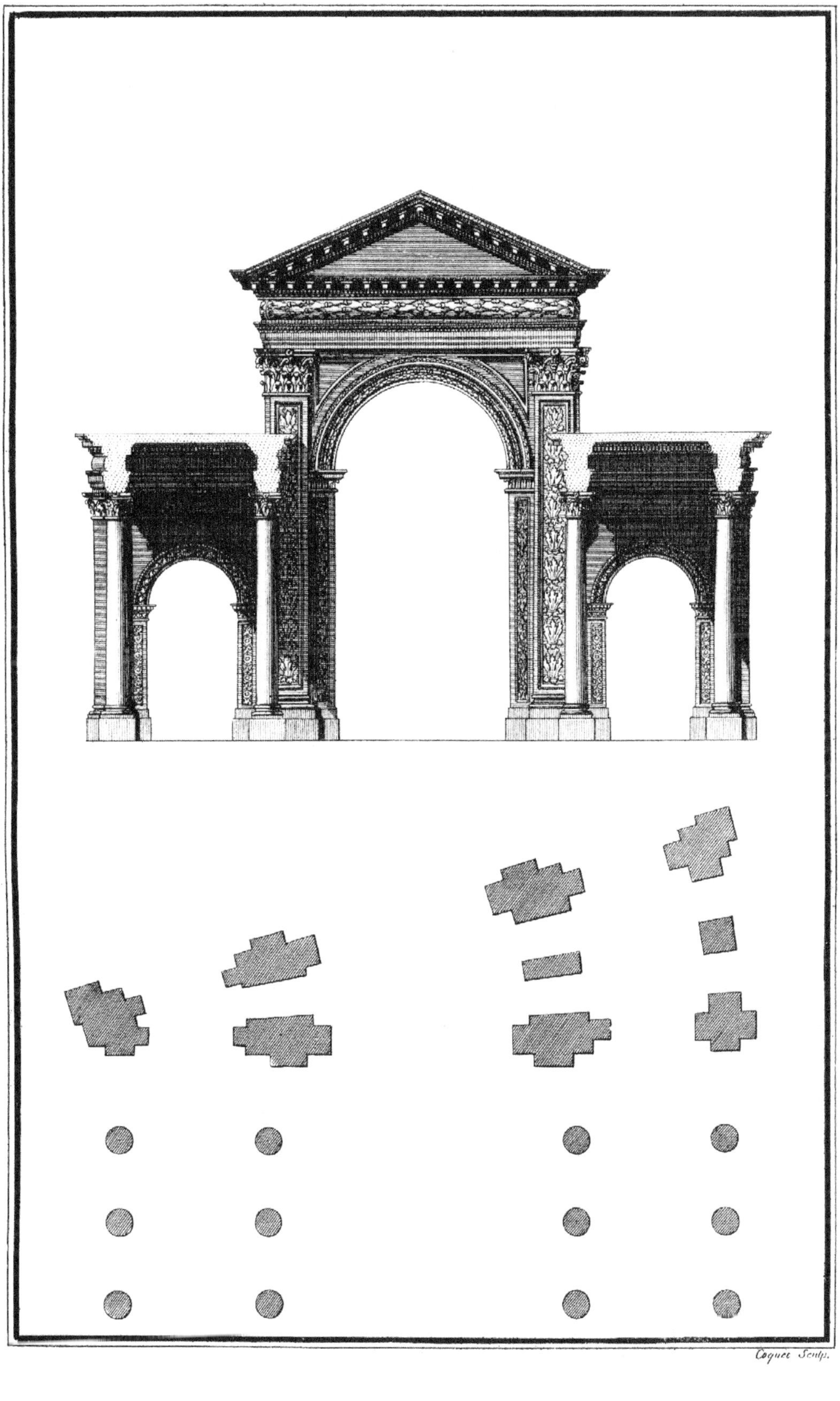

Coquet Sculp.

Pl. 26.

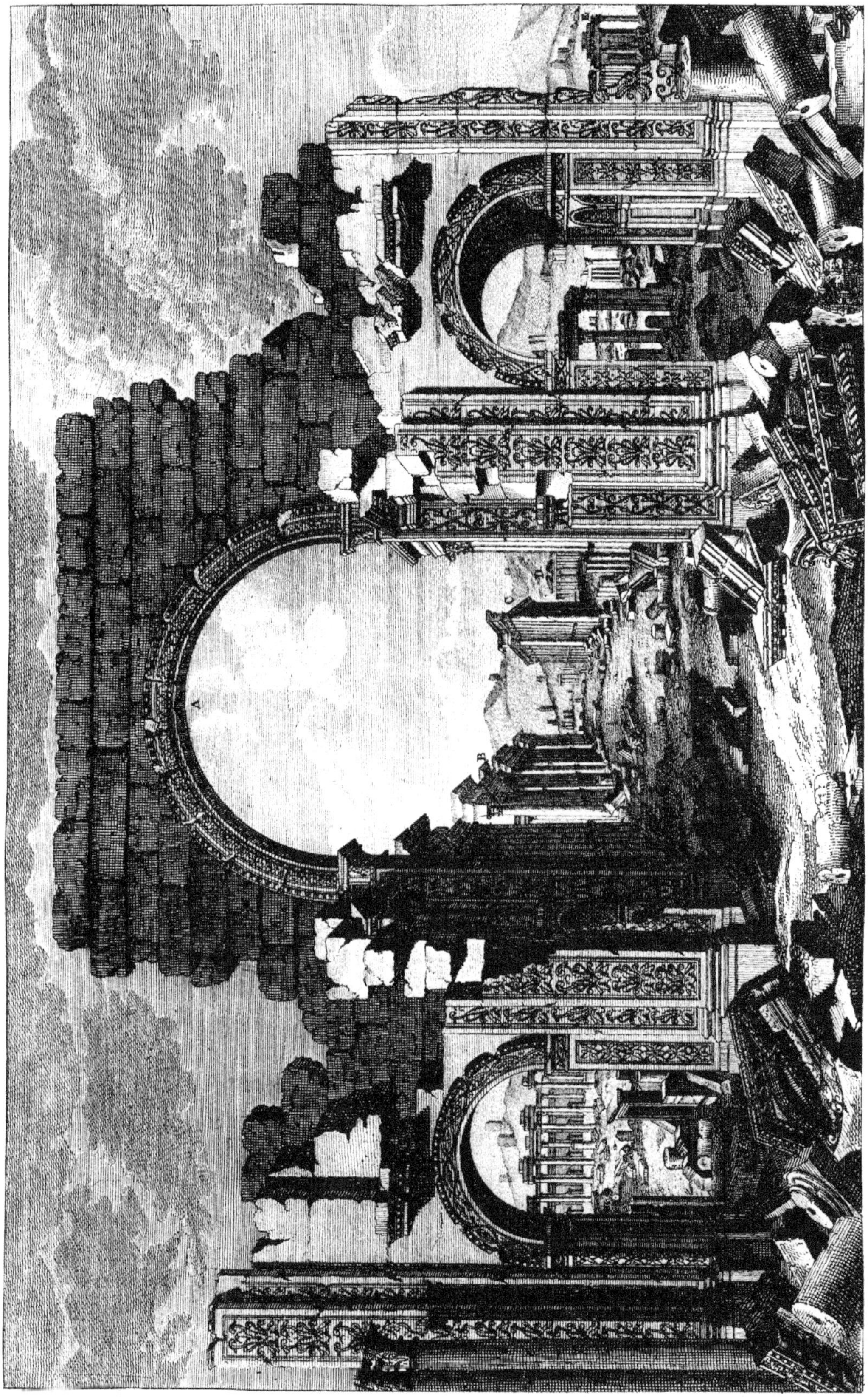

Pl. 27.

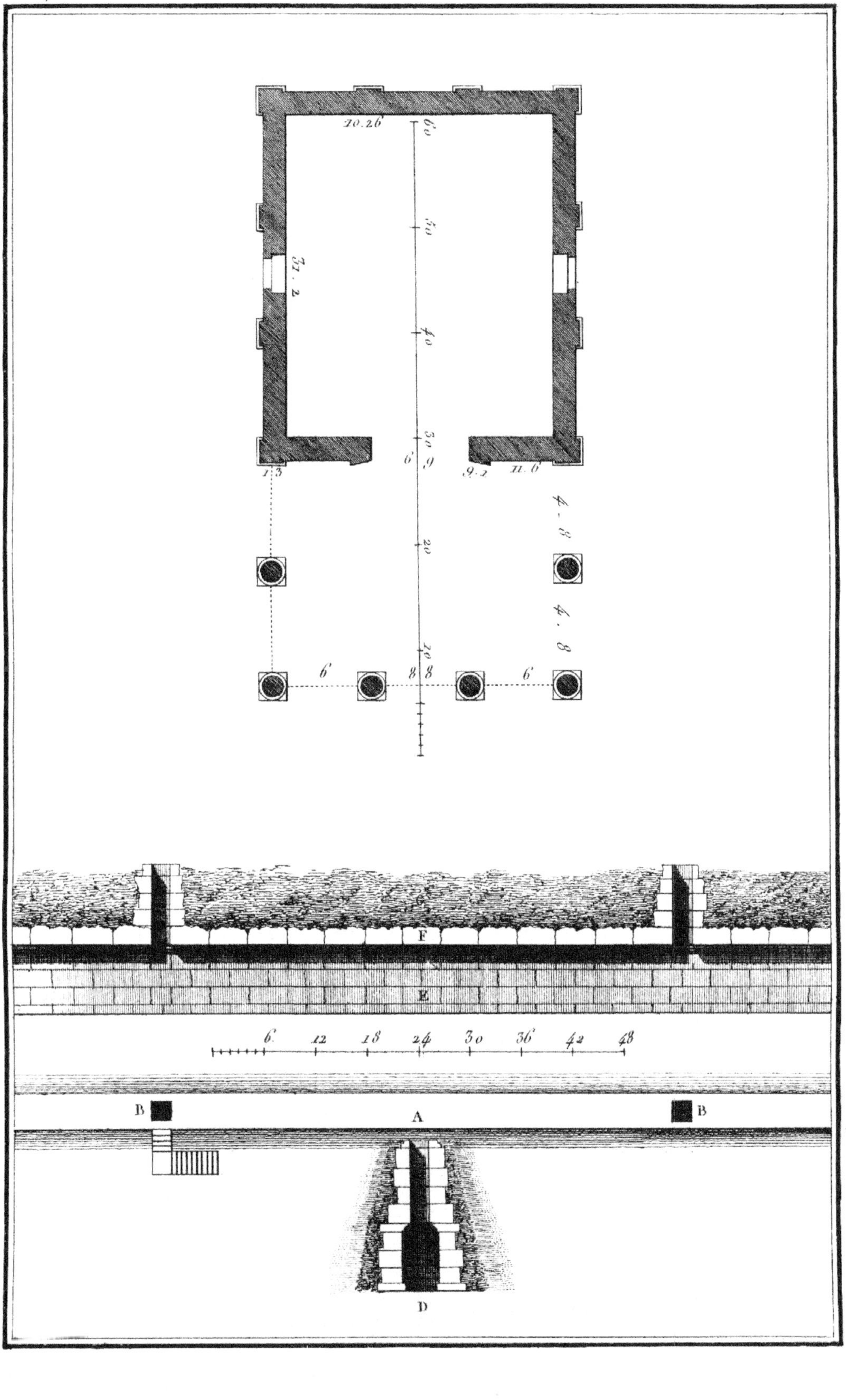

Pl. 28.

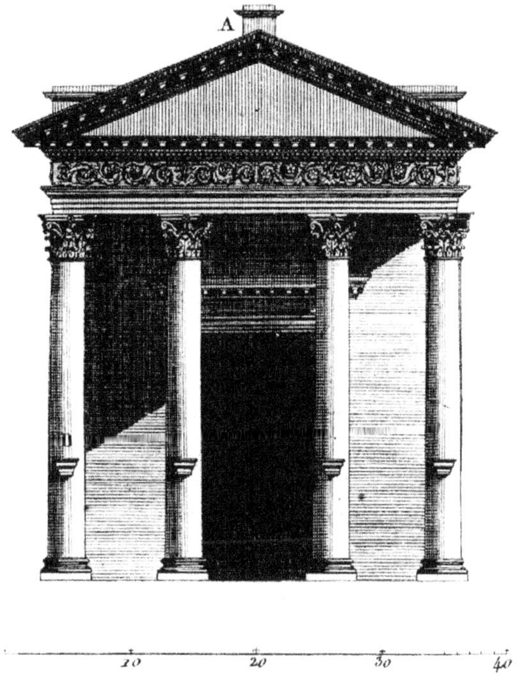

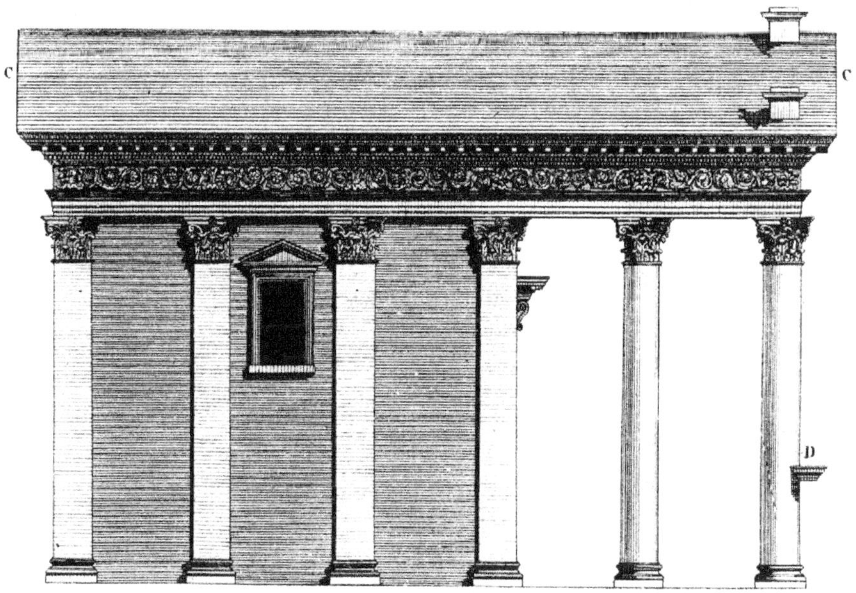

Pl. 29.

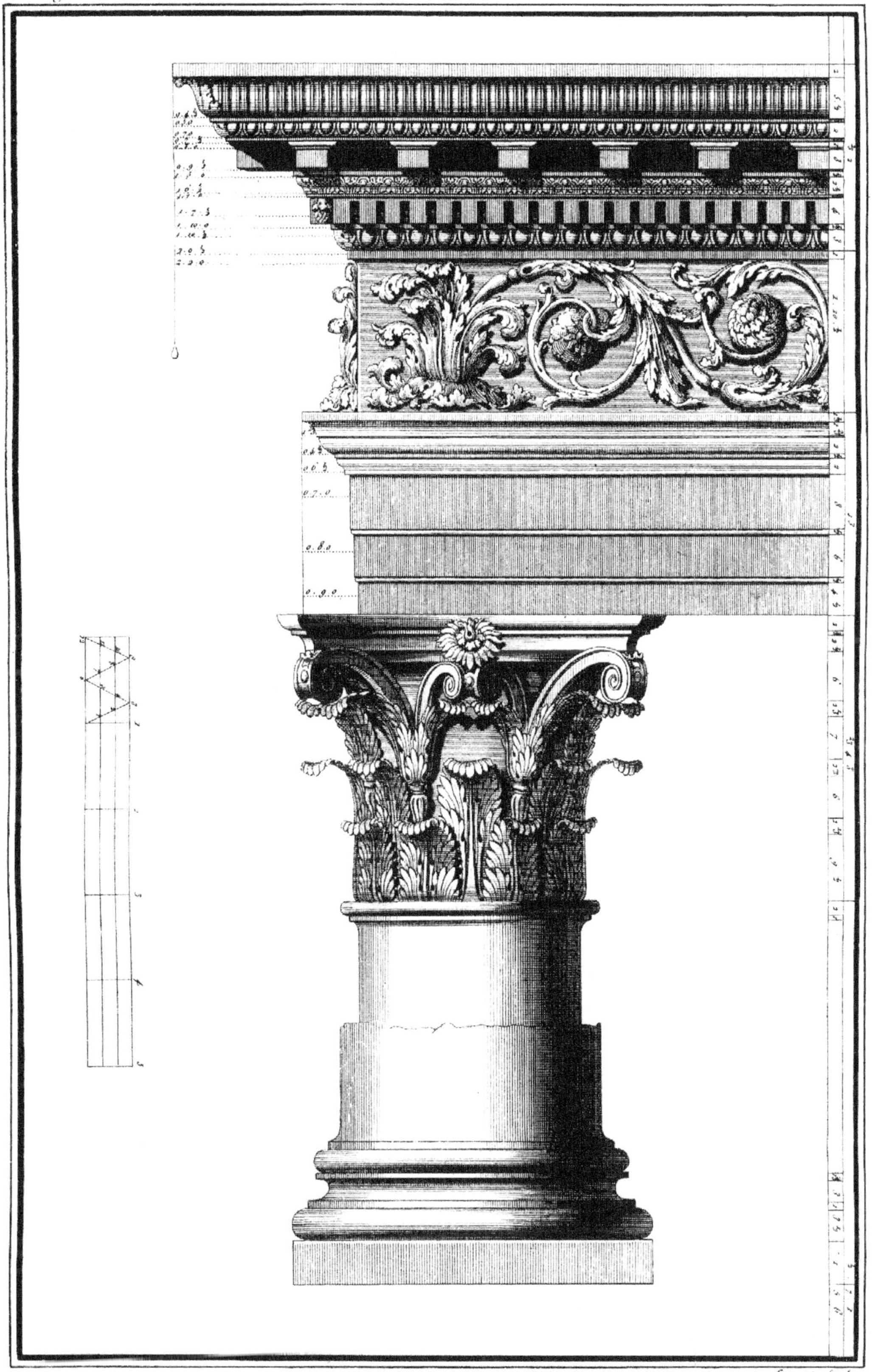

Coquet Sculp.

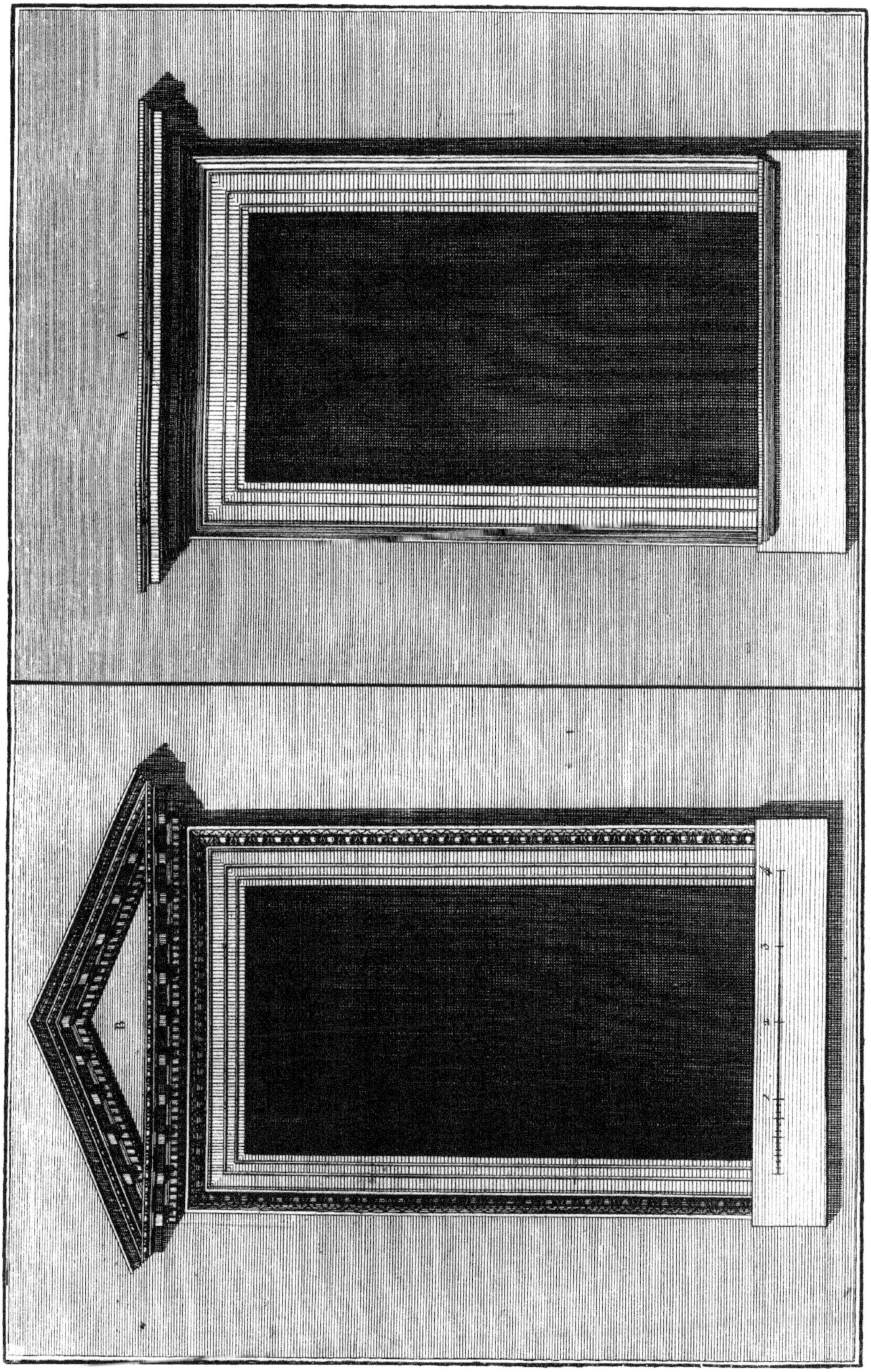
A
B

Pl. 31.

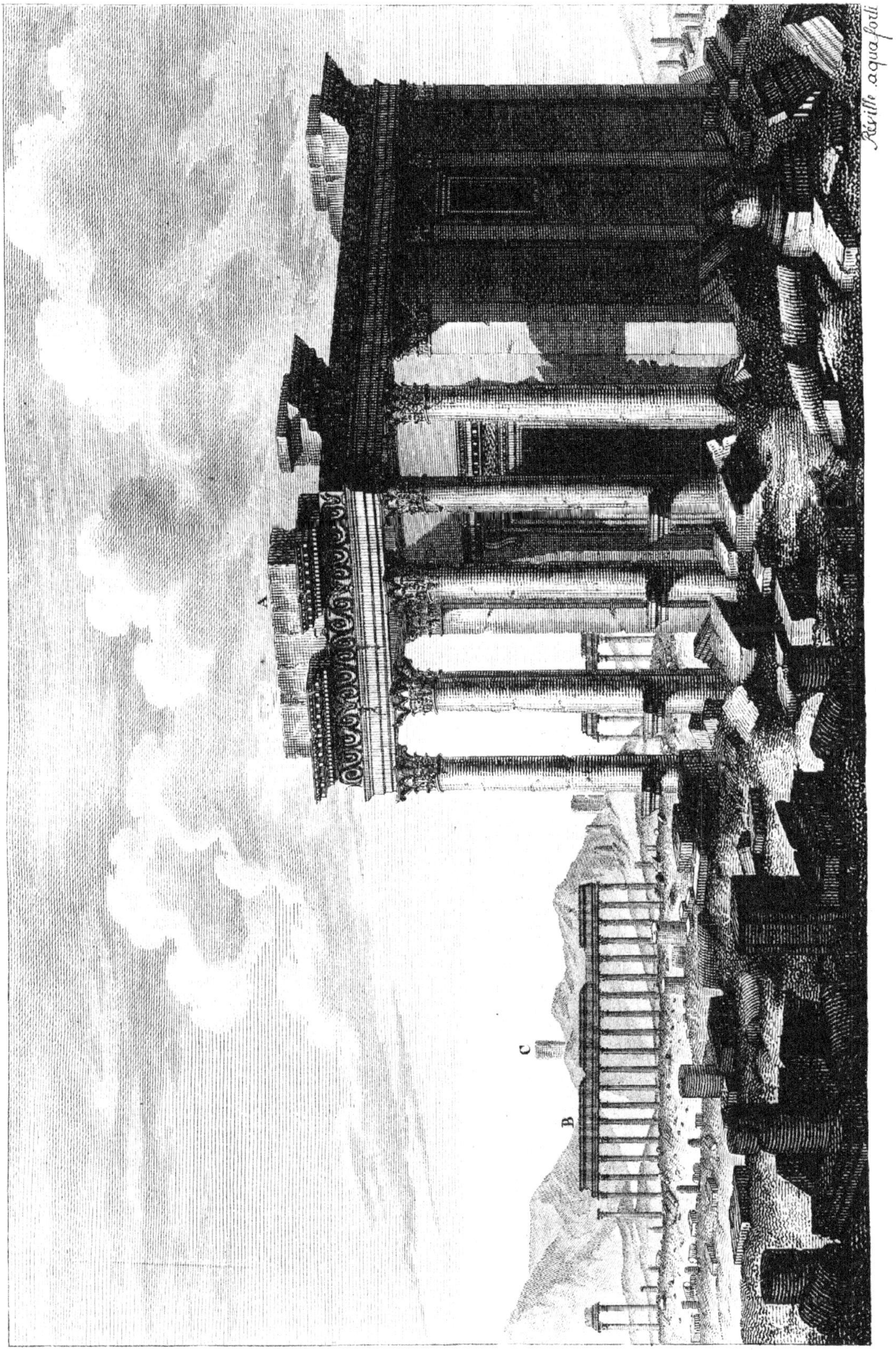

Pl. 32.

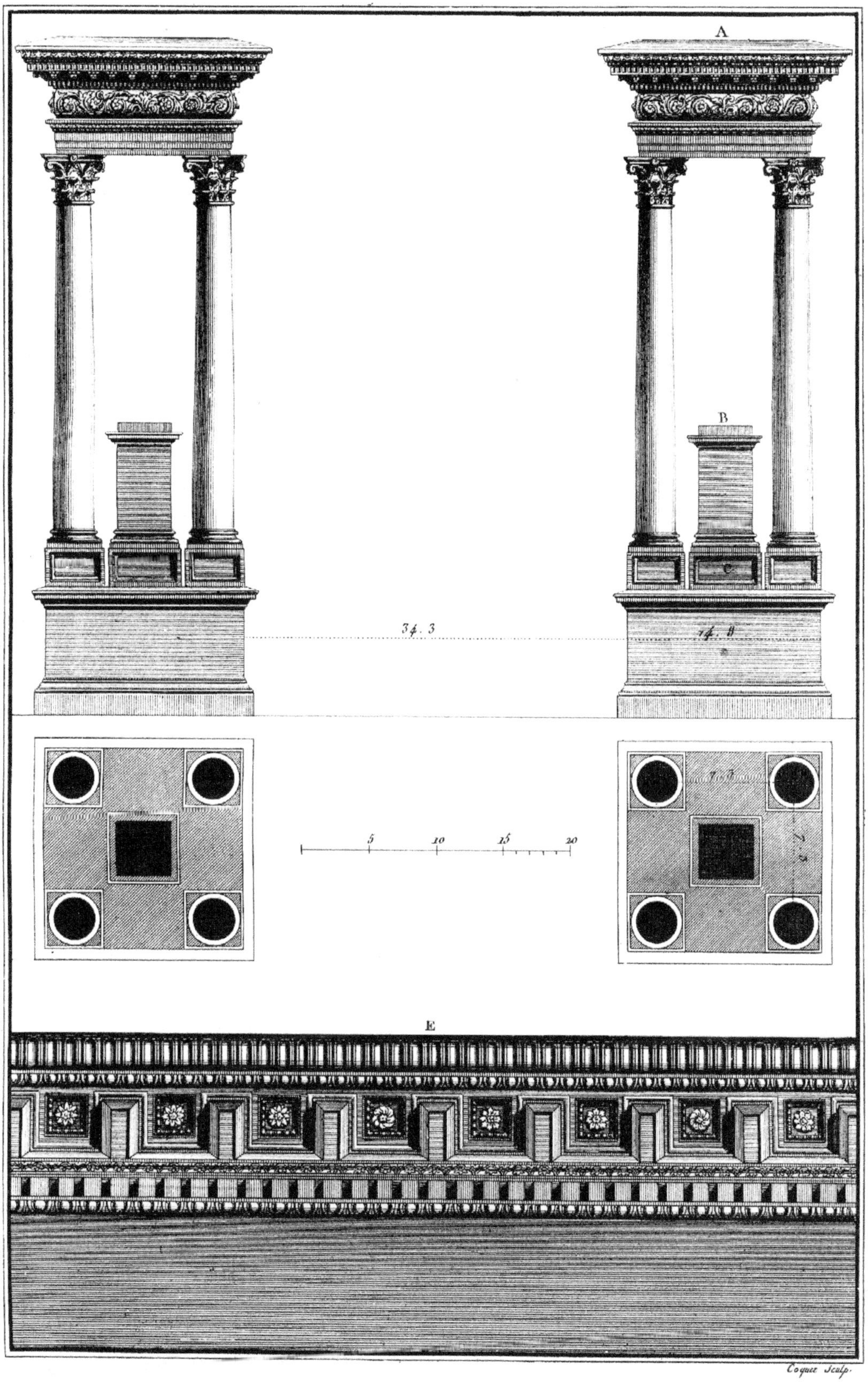

Coquet Sculp.

Pl. 33.

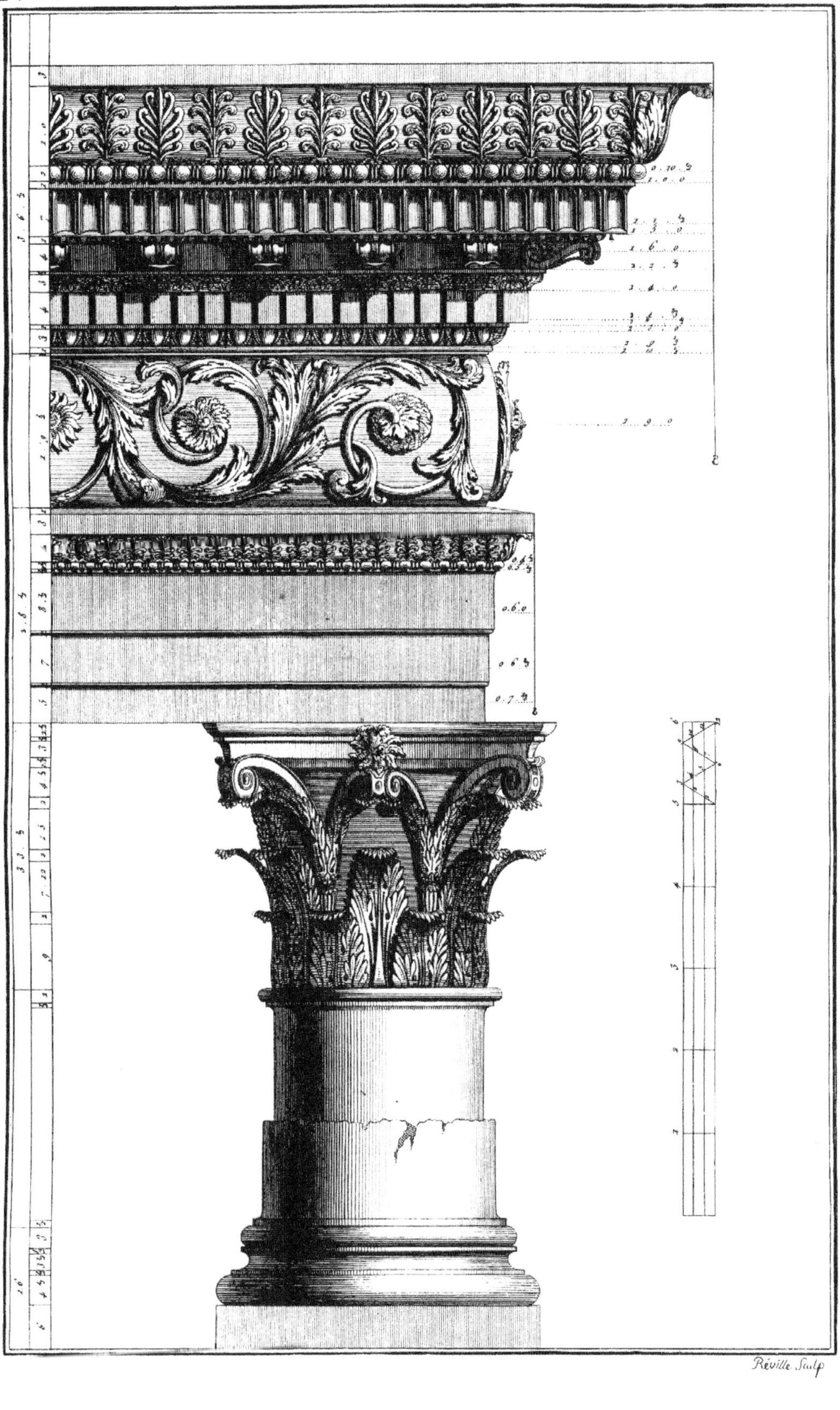

Réville Sculp

Pl.34.

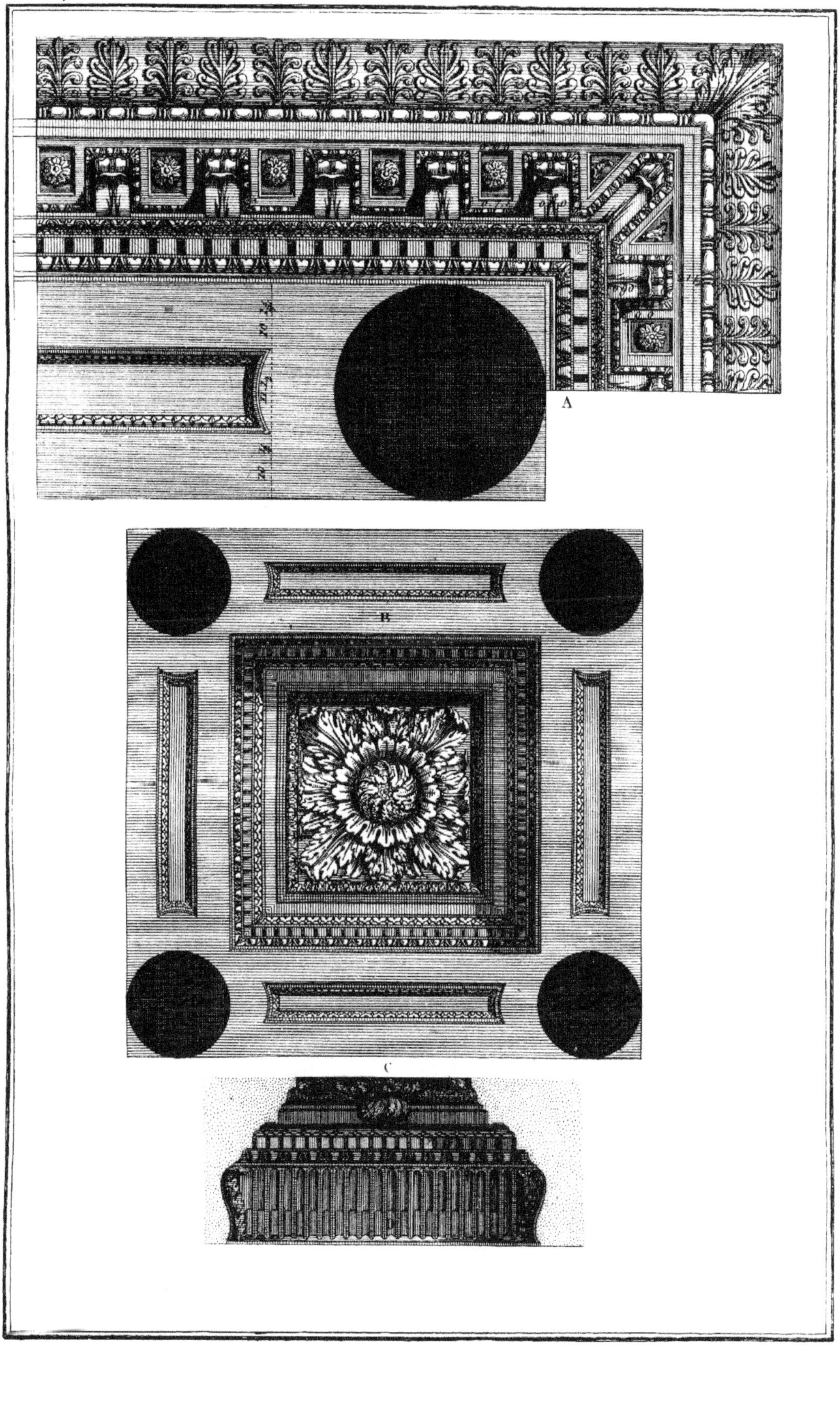

Pl.35.

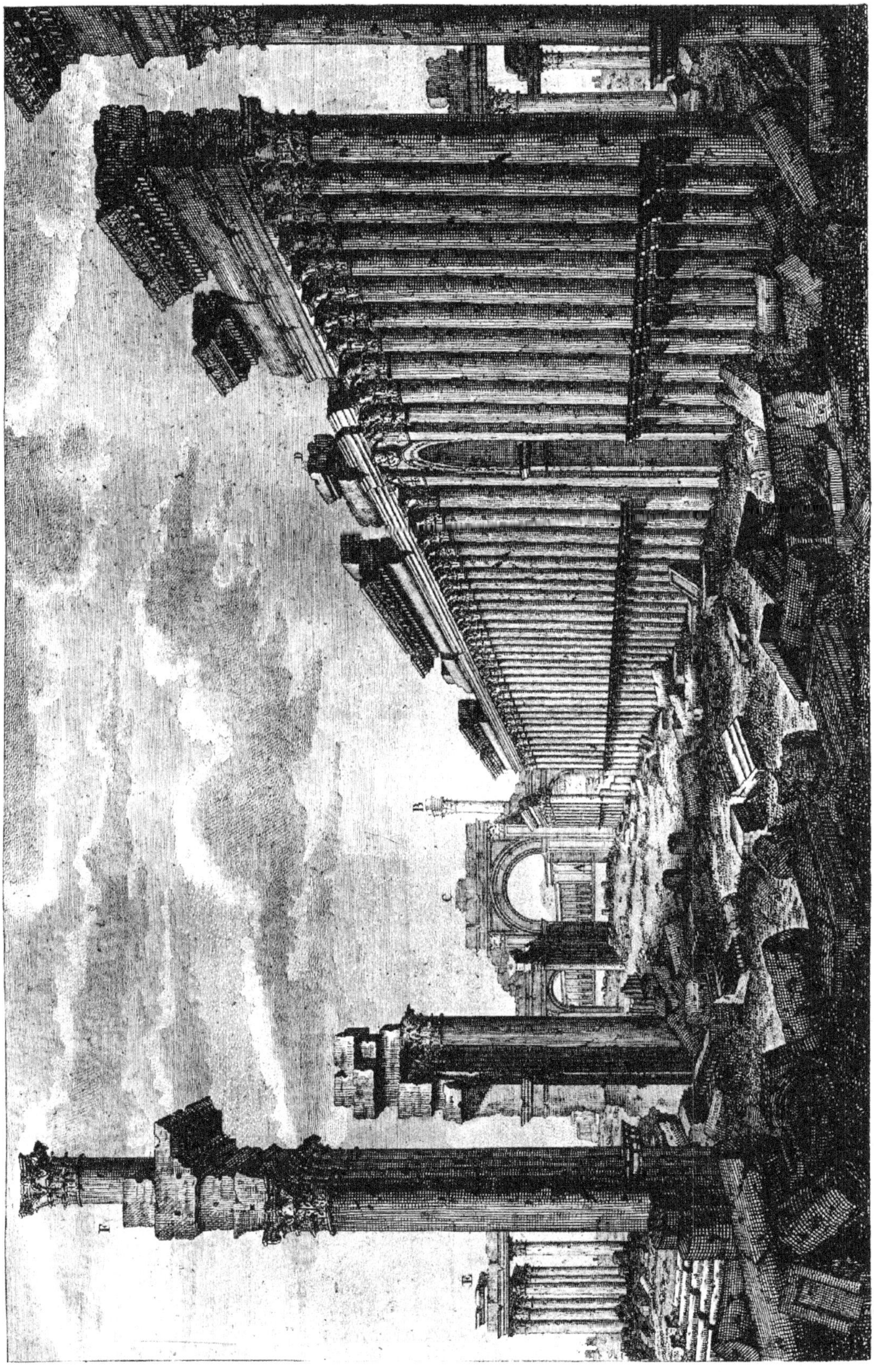

Pl. 36.

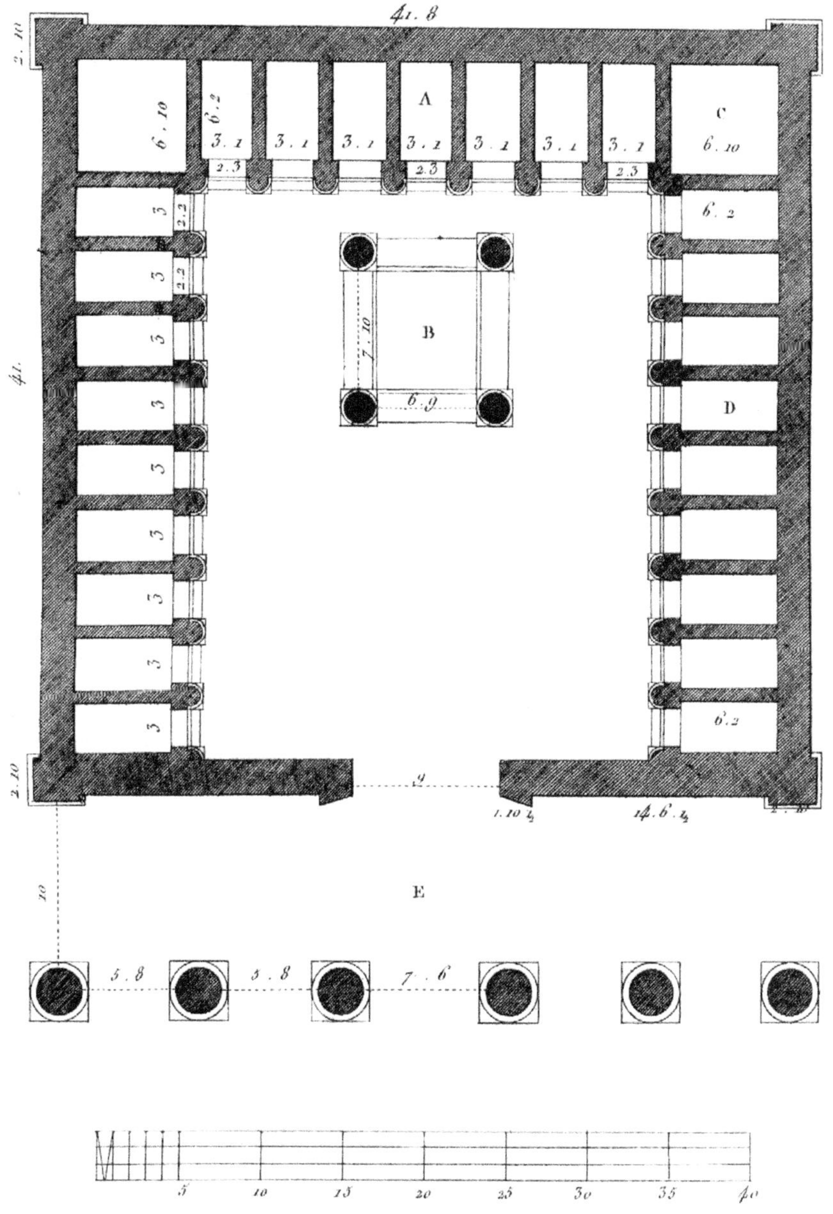

41. 8
A
B
C
D
E
6. 10
6. 2
3. 1
2. 3
2. 2
3
7. 10
6. 9
41.
2. 10
9
1. 10 ½
14. 6. ½
10
5. 8
7. 6
5
10
15
20
25
30
35
40

A

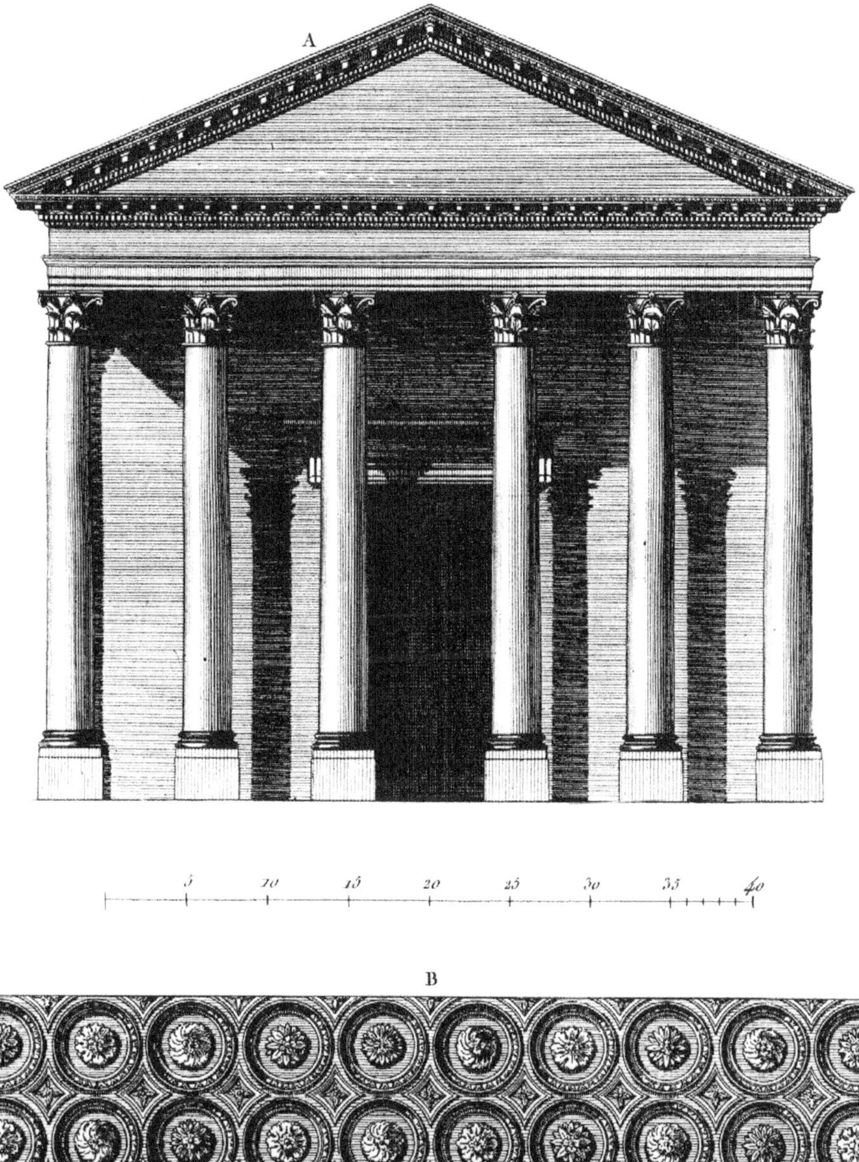

B

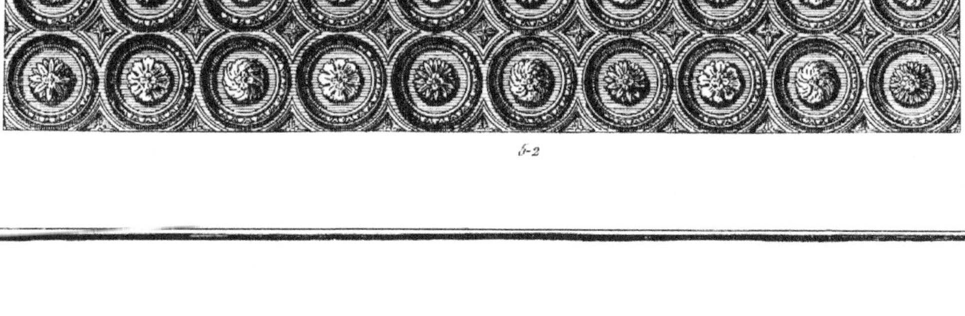

Pl. 38.

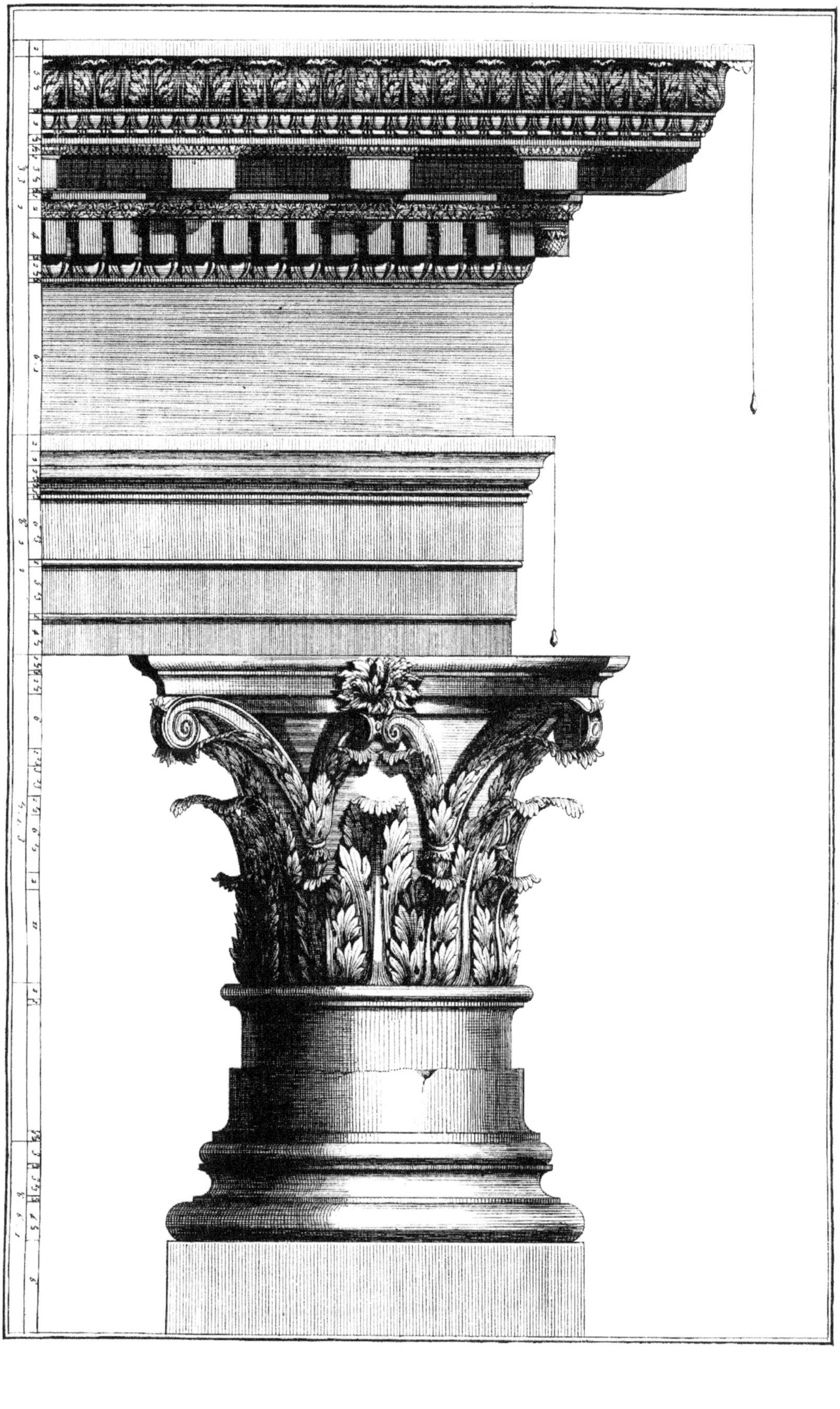

Pl. 39.

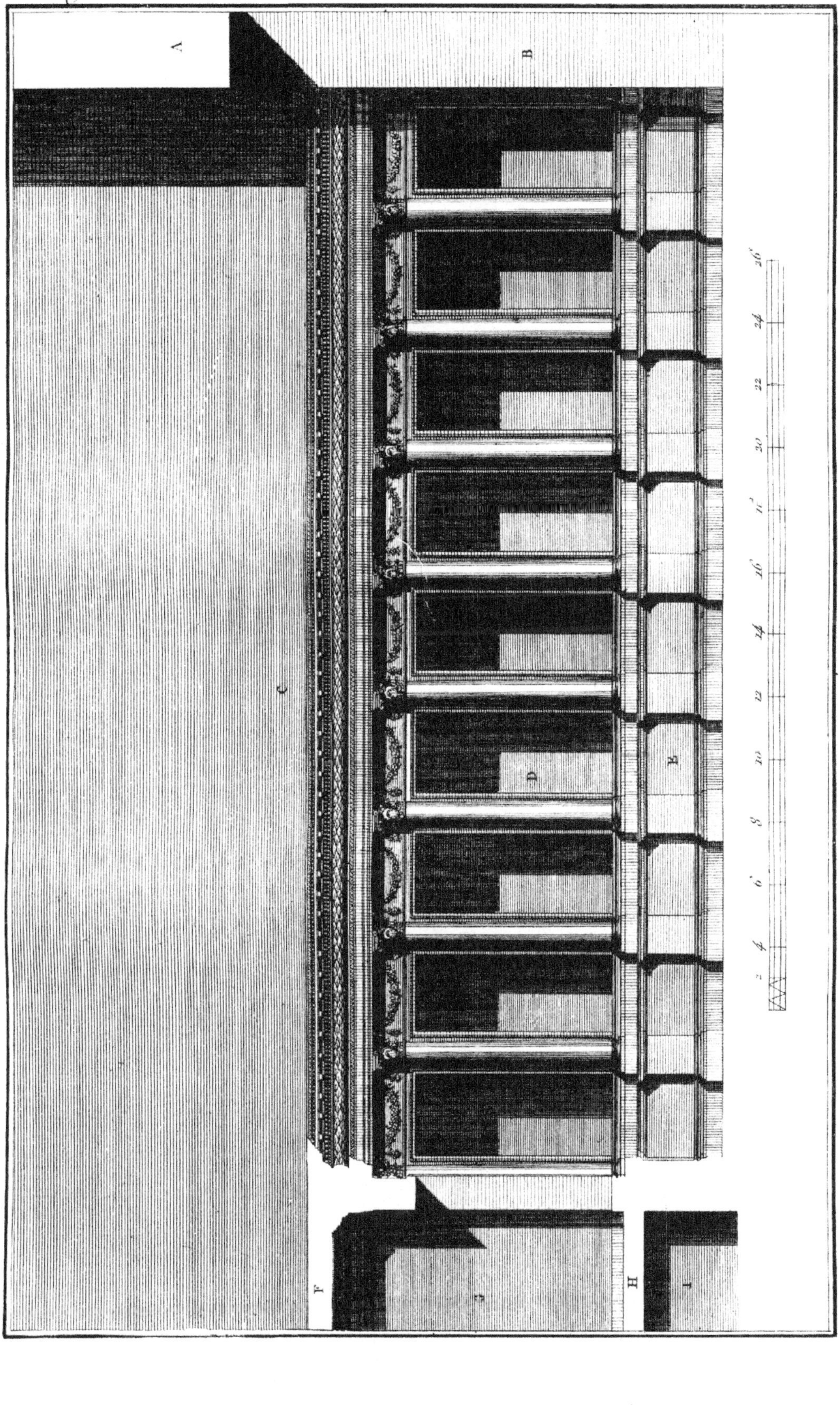

Pl. 40.

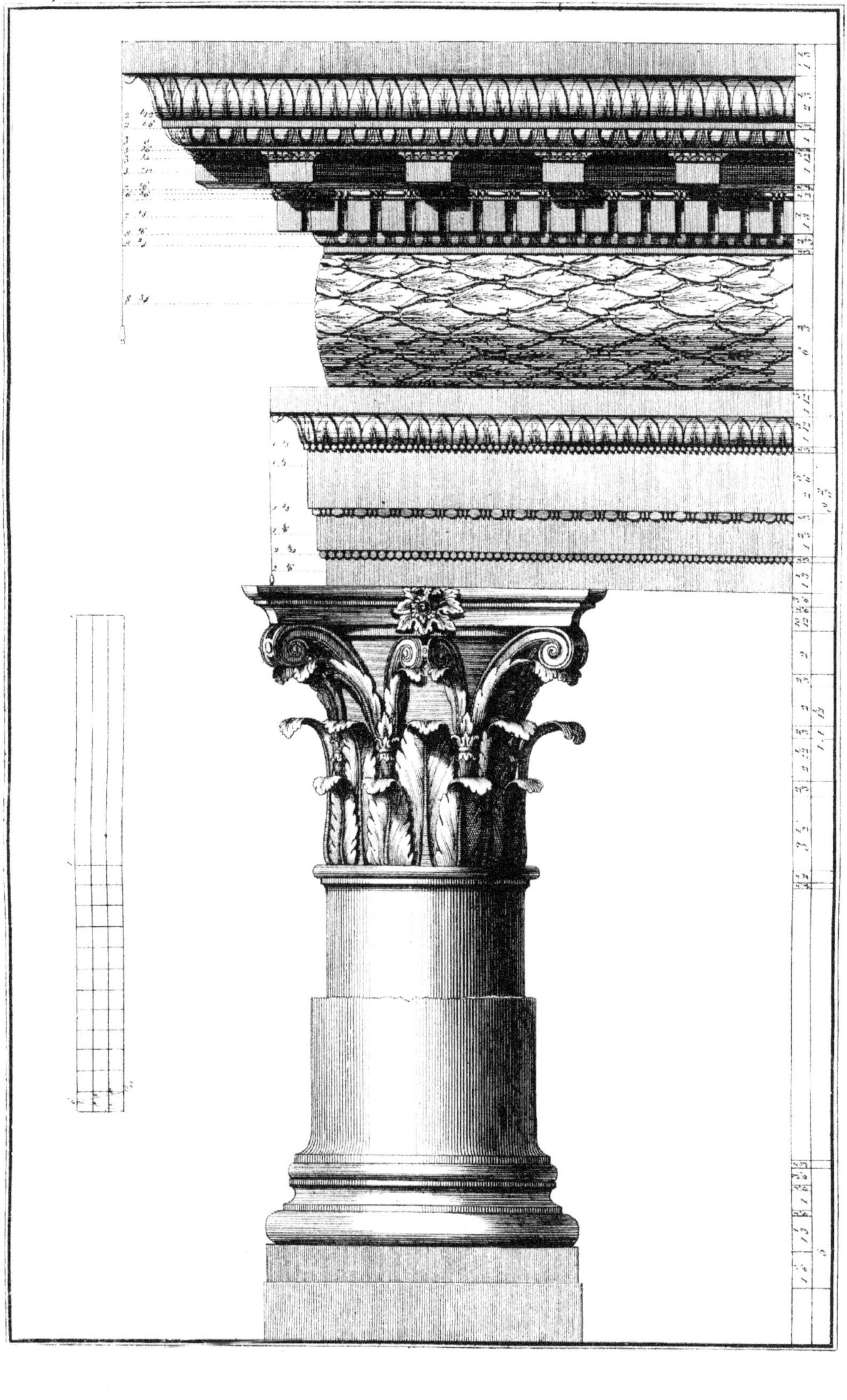

Pl. 41.

A

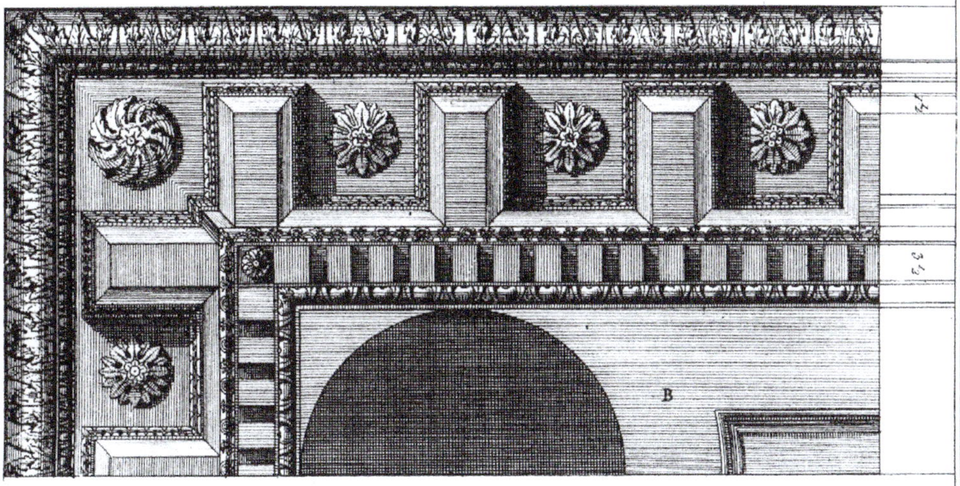

C 5-2

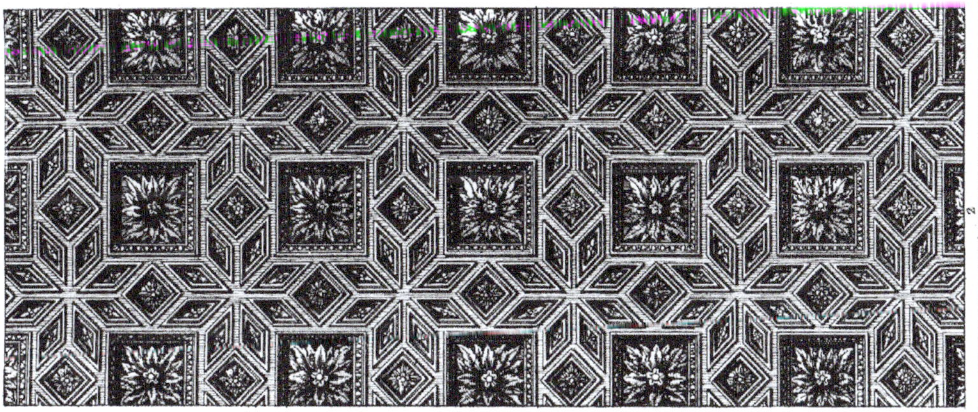

D 5-2

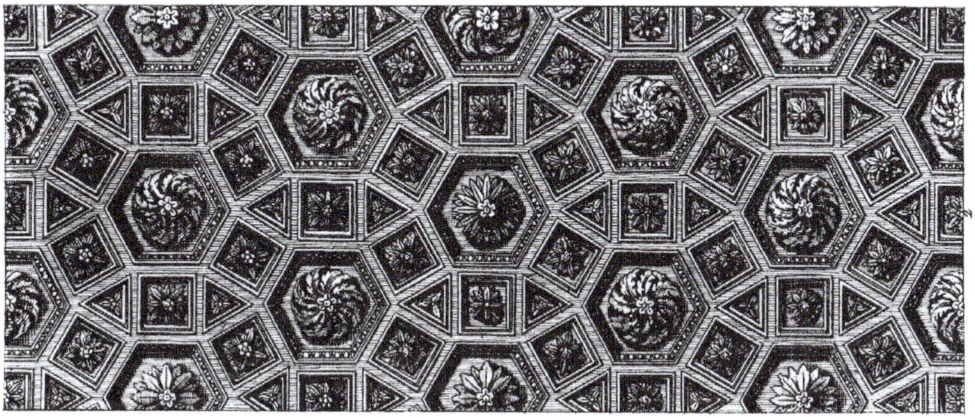

Pl. 42.

52 A

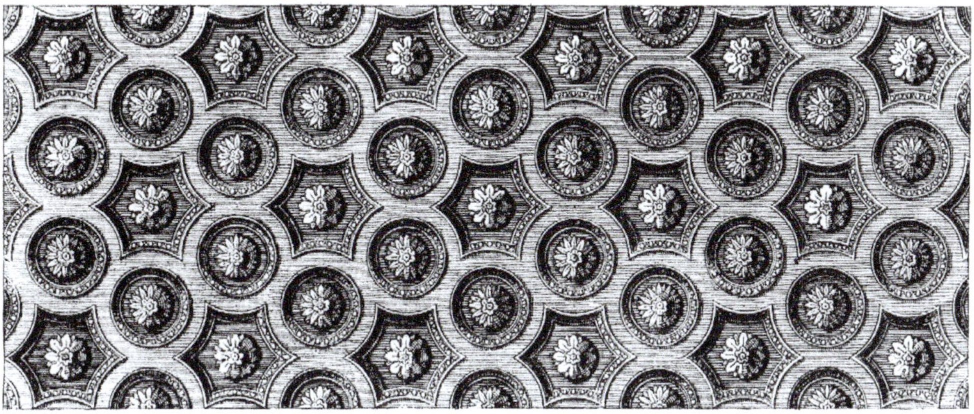

52 B

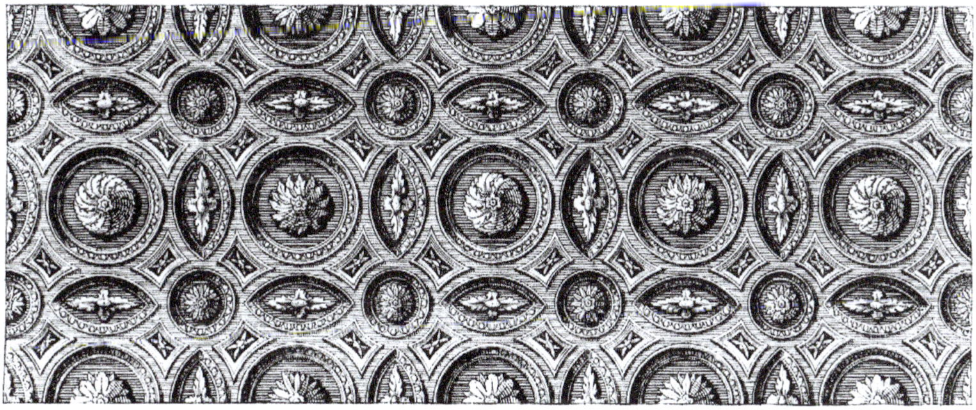

52 C

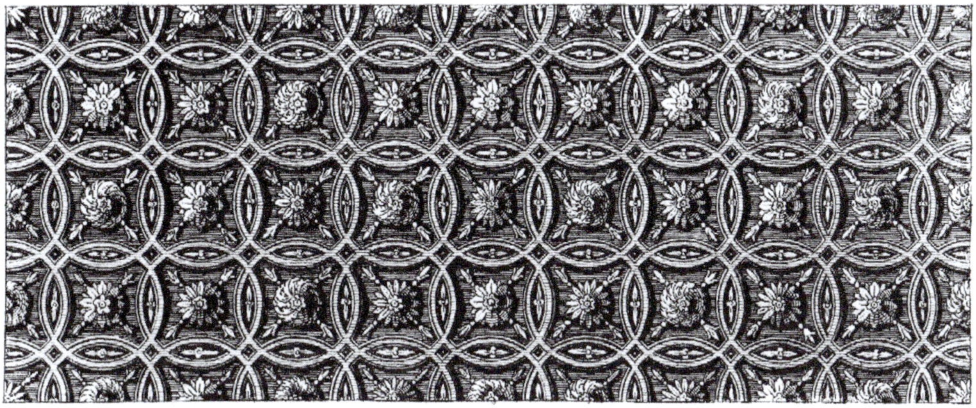

1 2 3 4

Pl. 43.

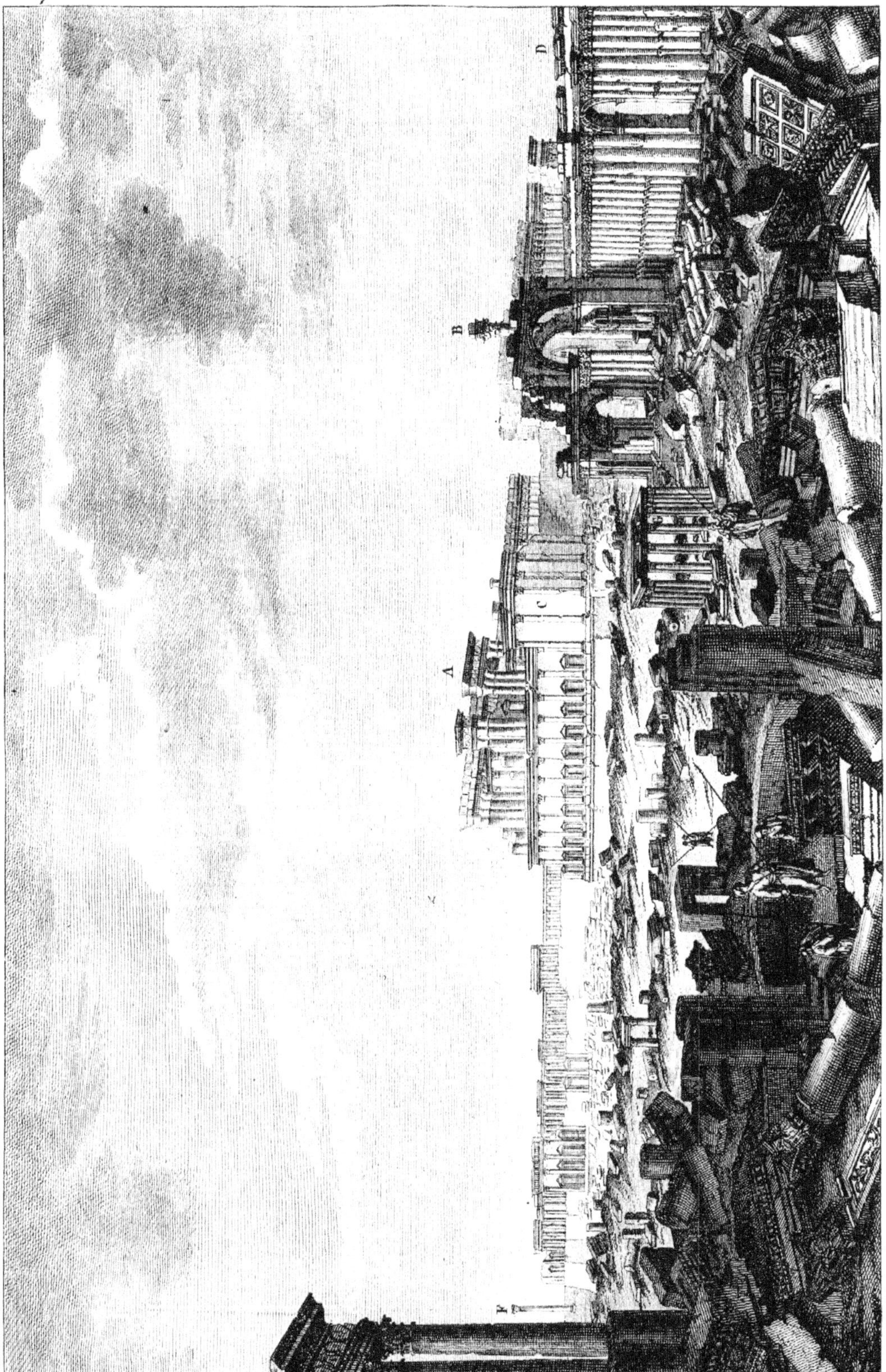

Pl. 44.

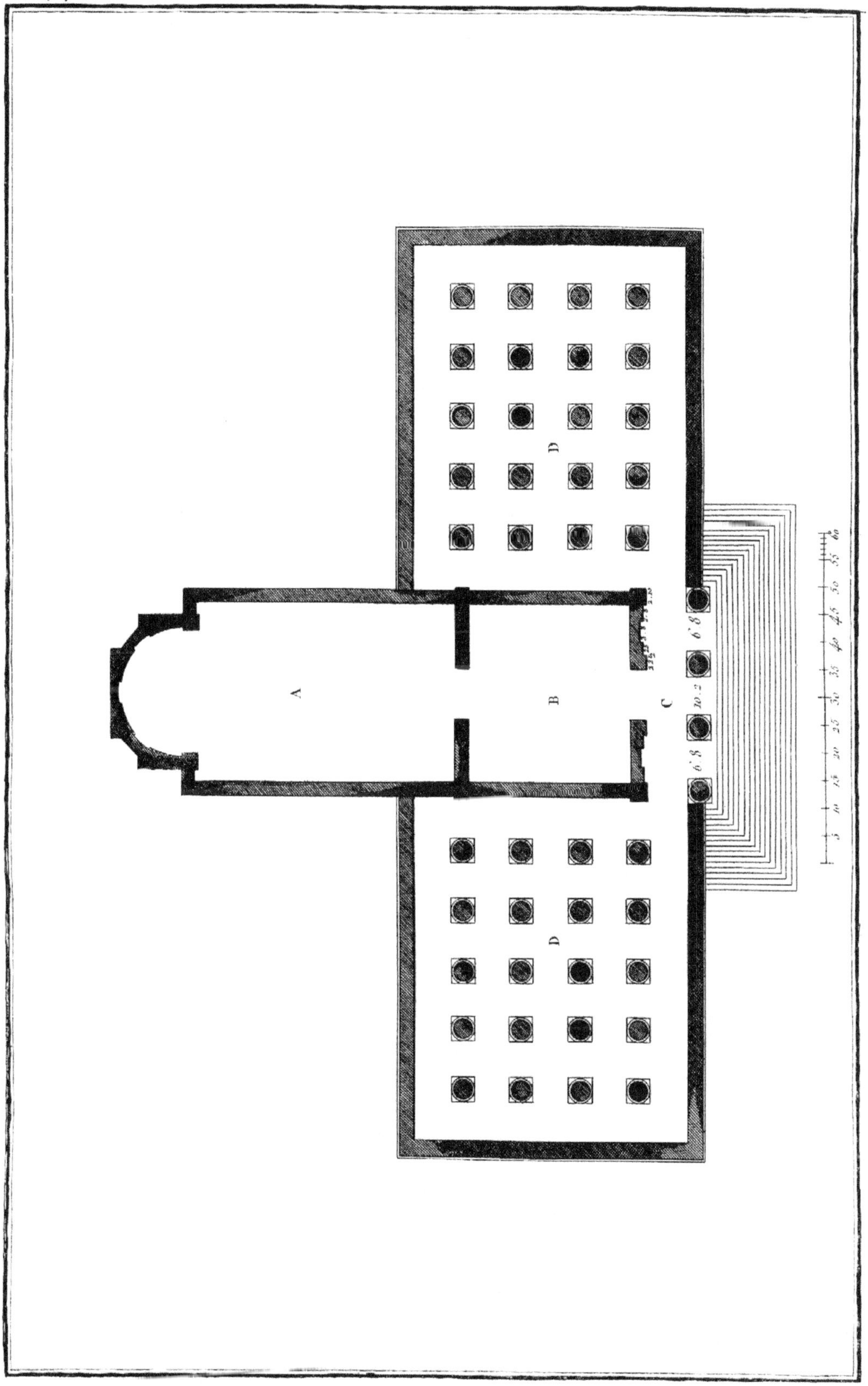

Pl.45.

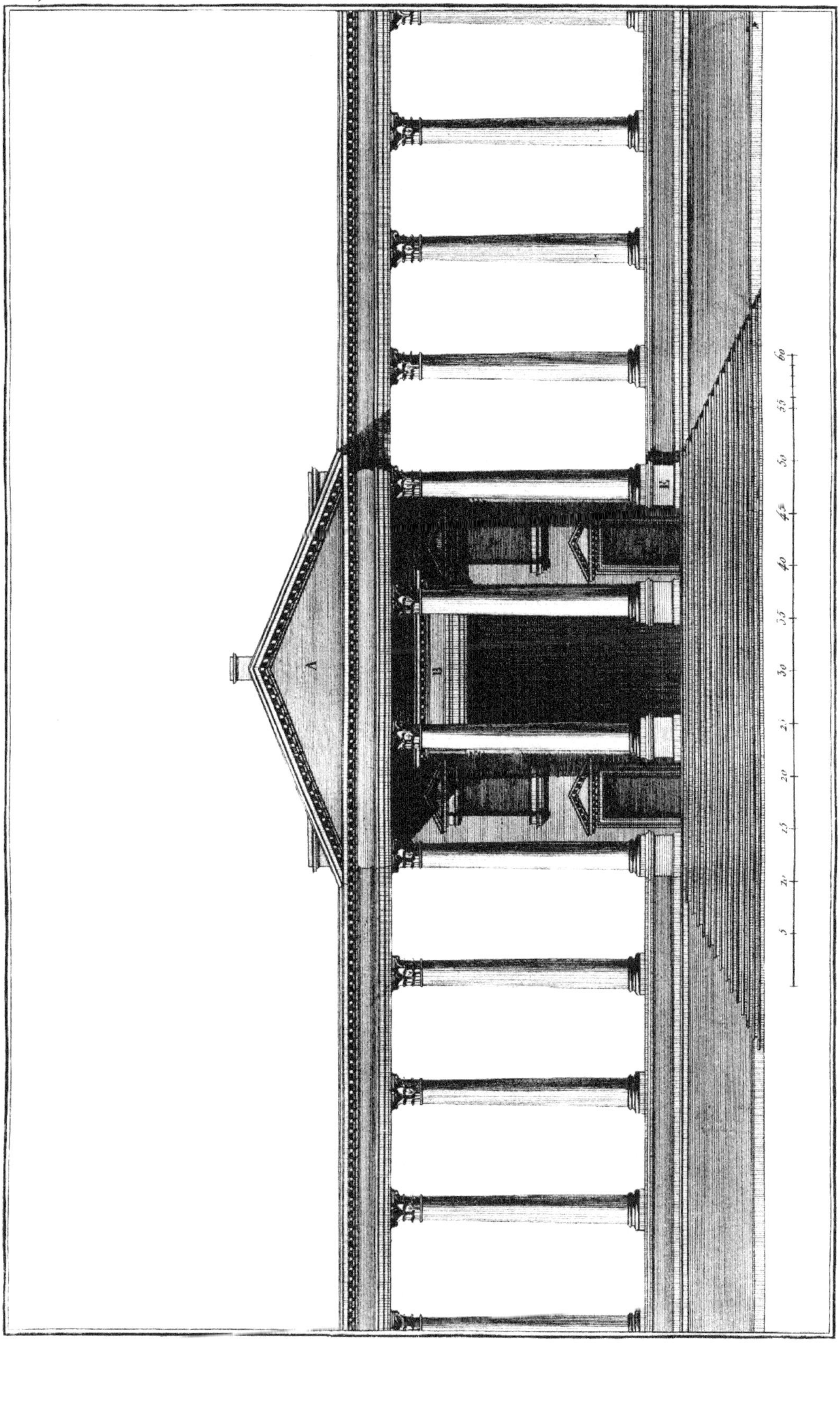

Pl. 46.

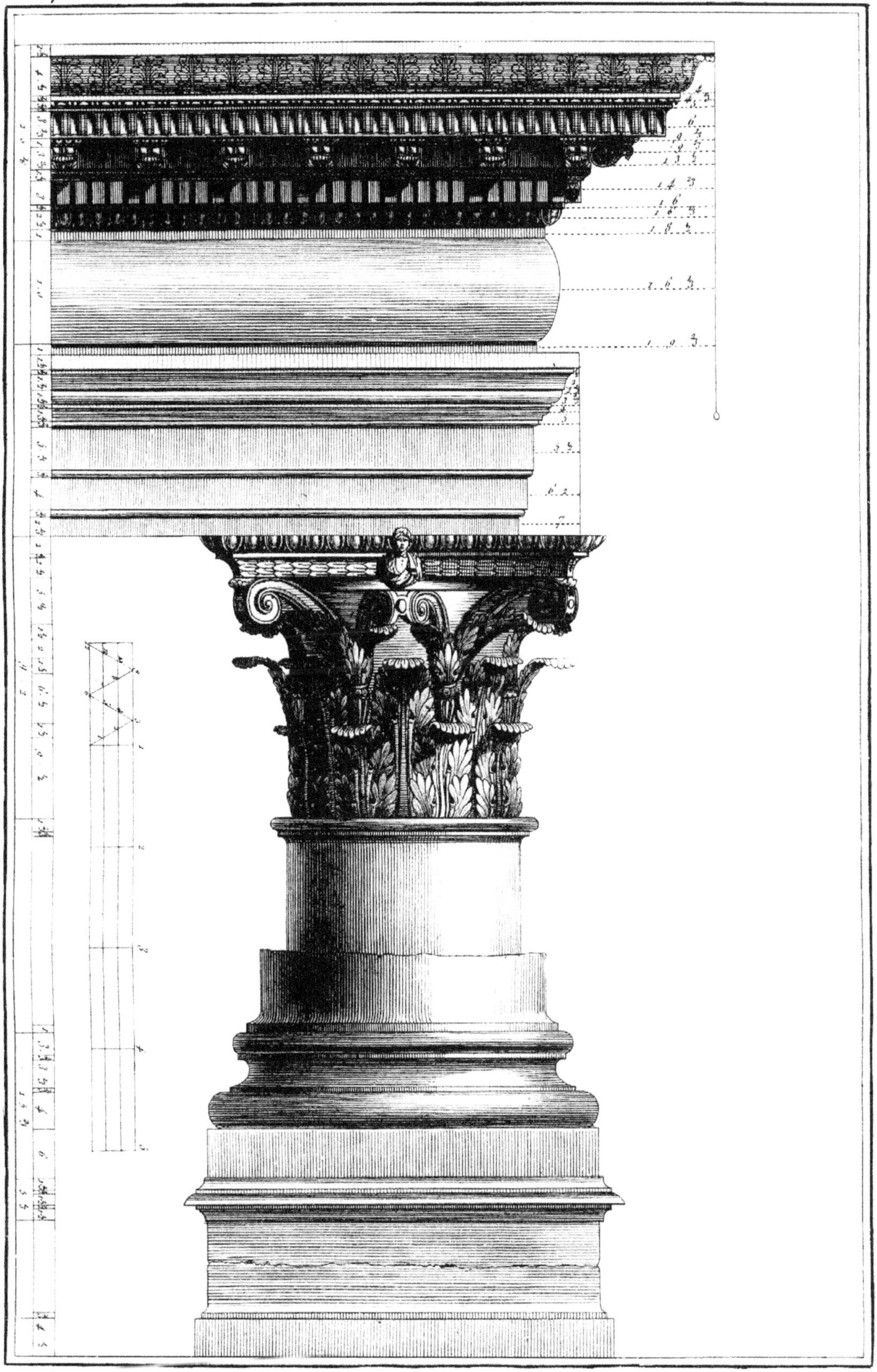

Pl. 47

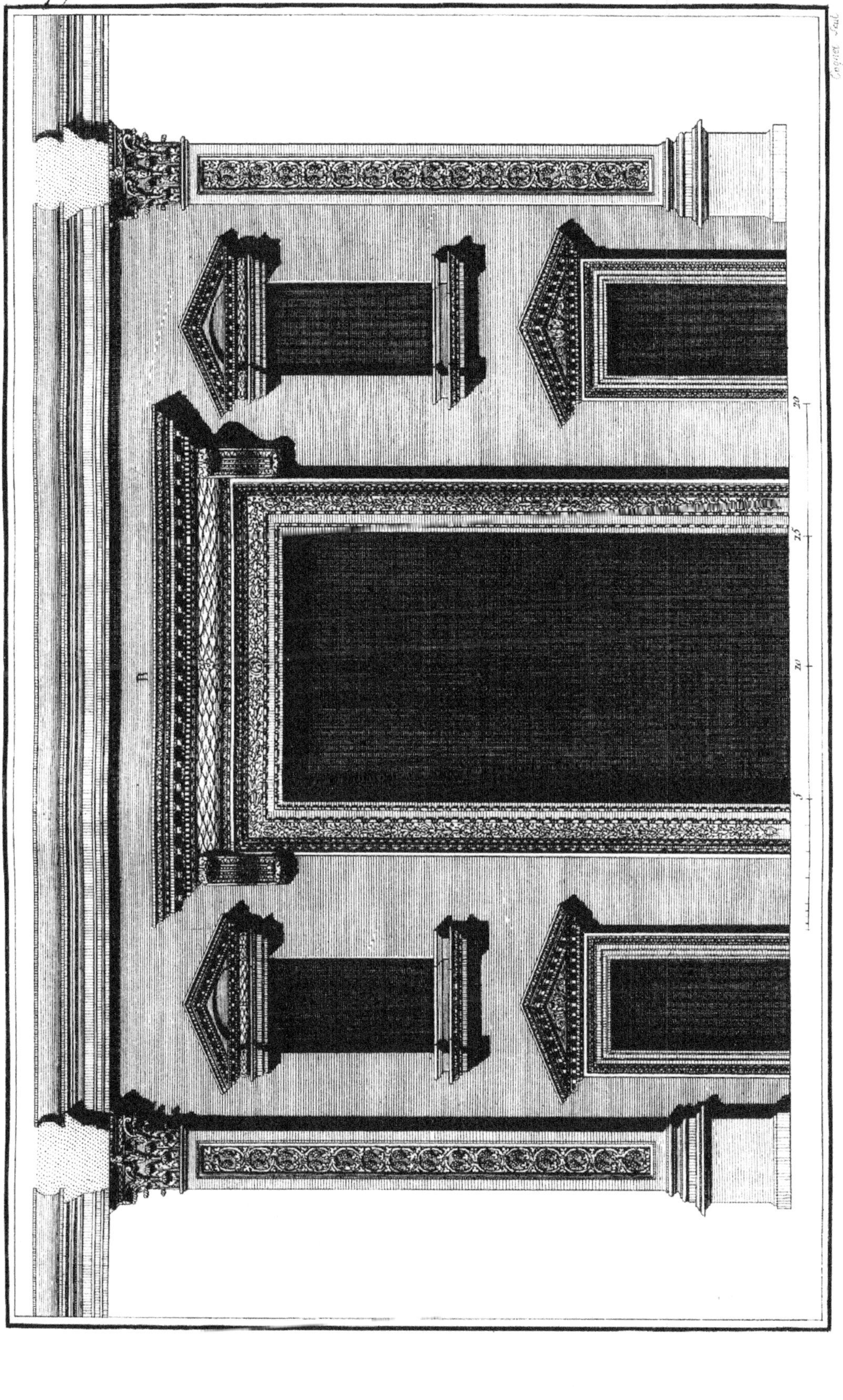

Pl. 48.

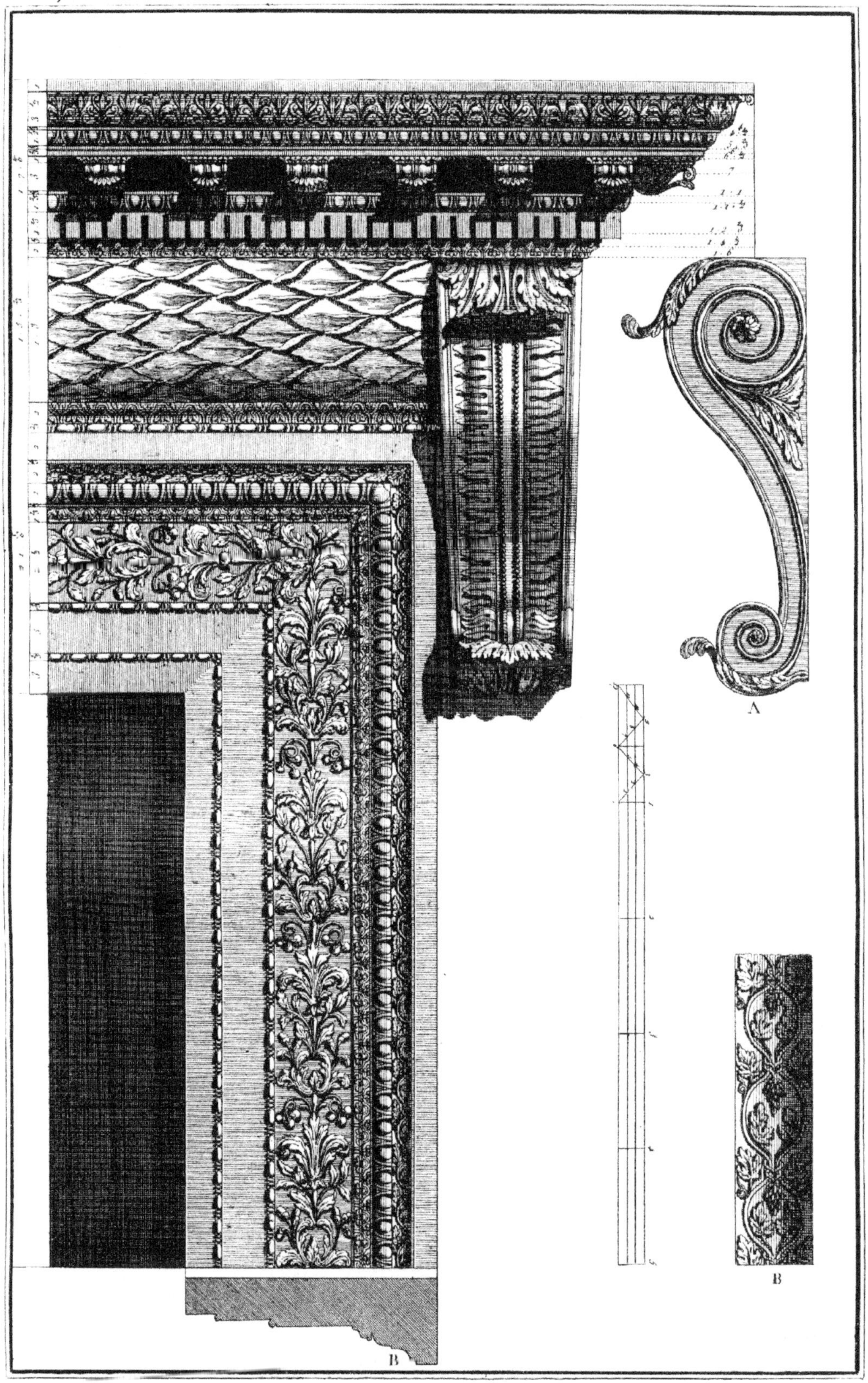

Pl. 49.

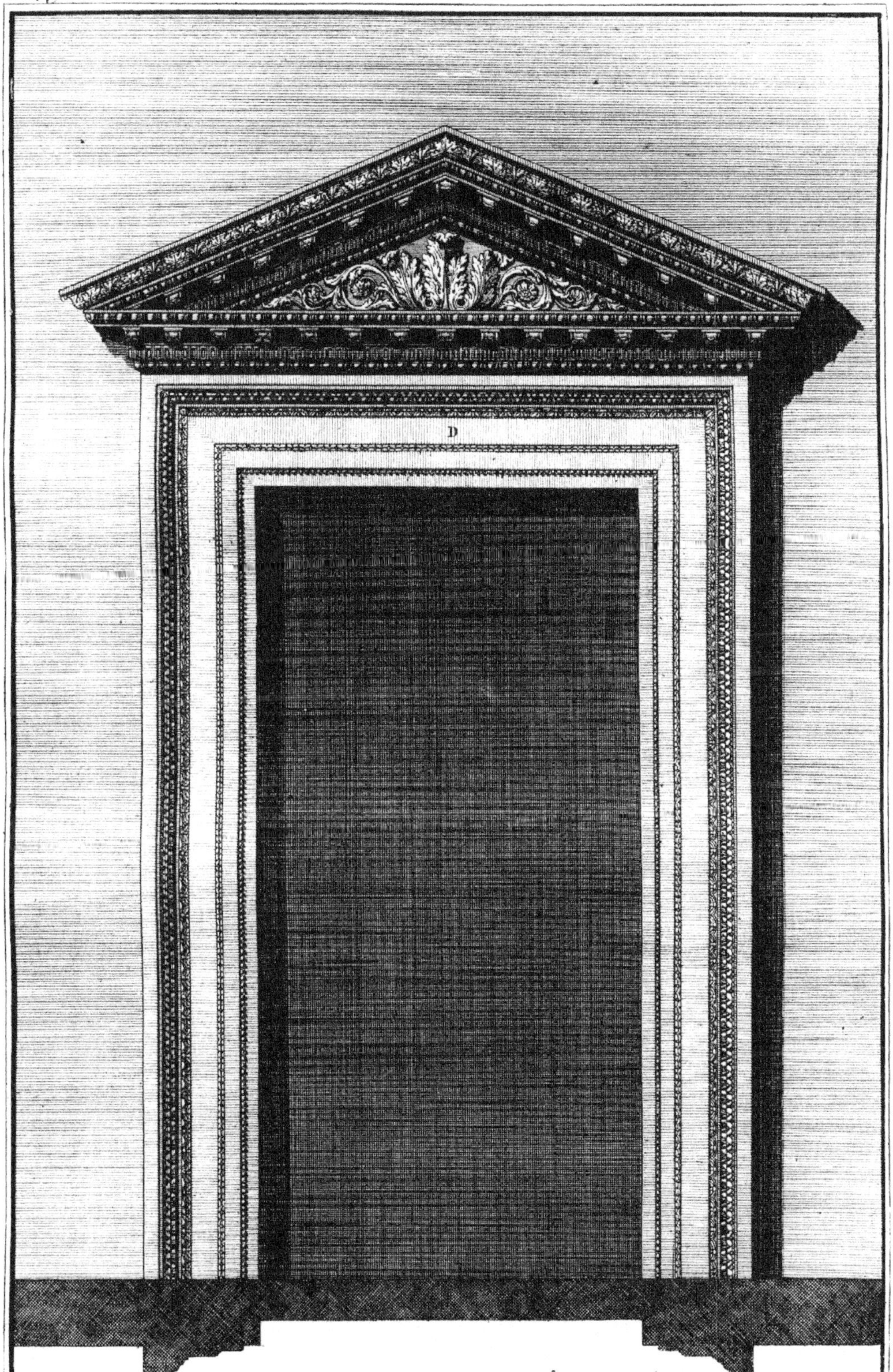

Pl. 50.

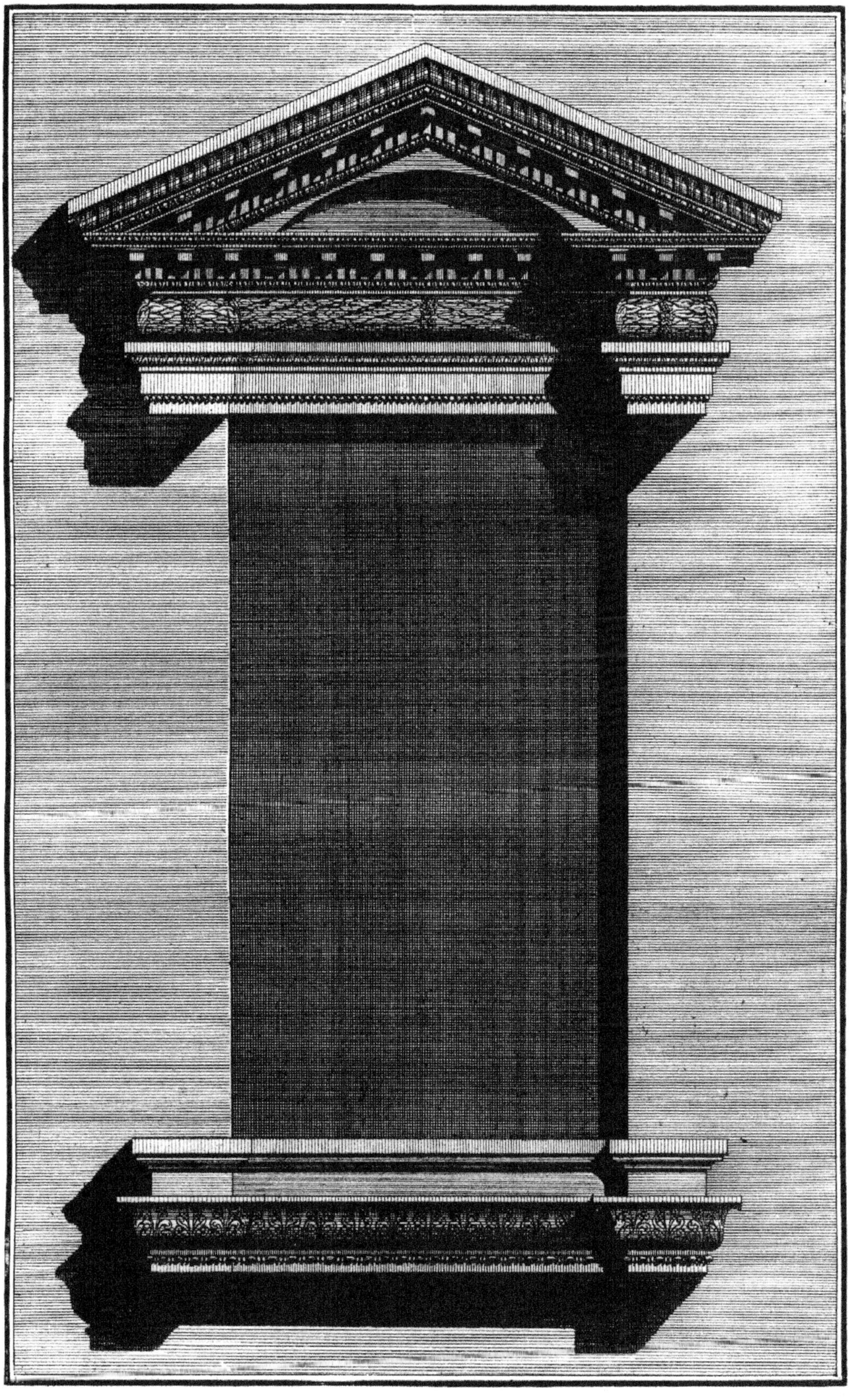

Pl. 51.

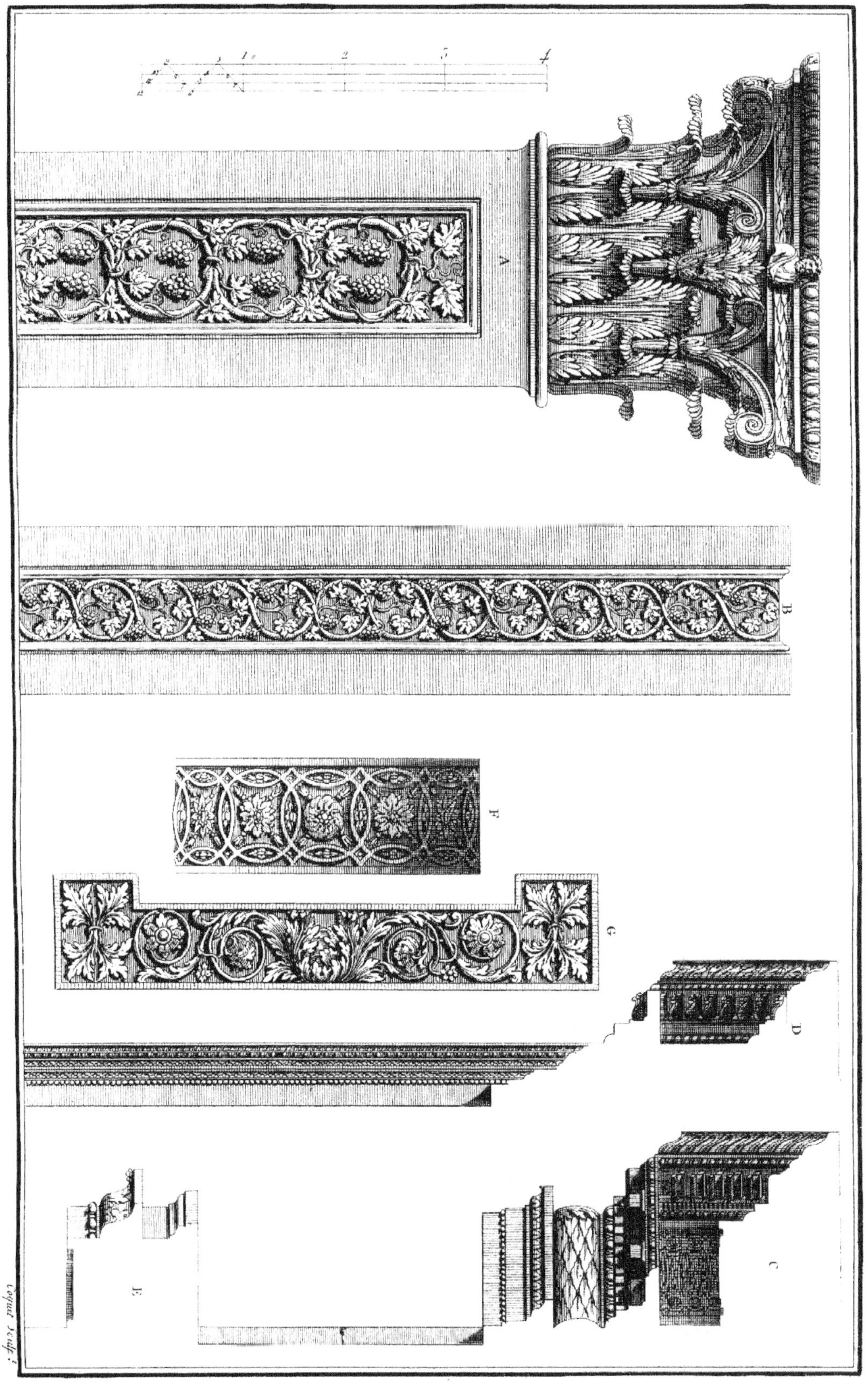

Pl. 52.

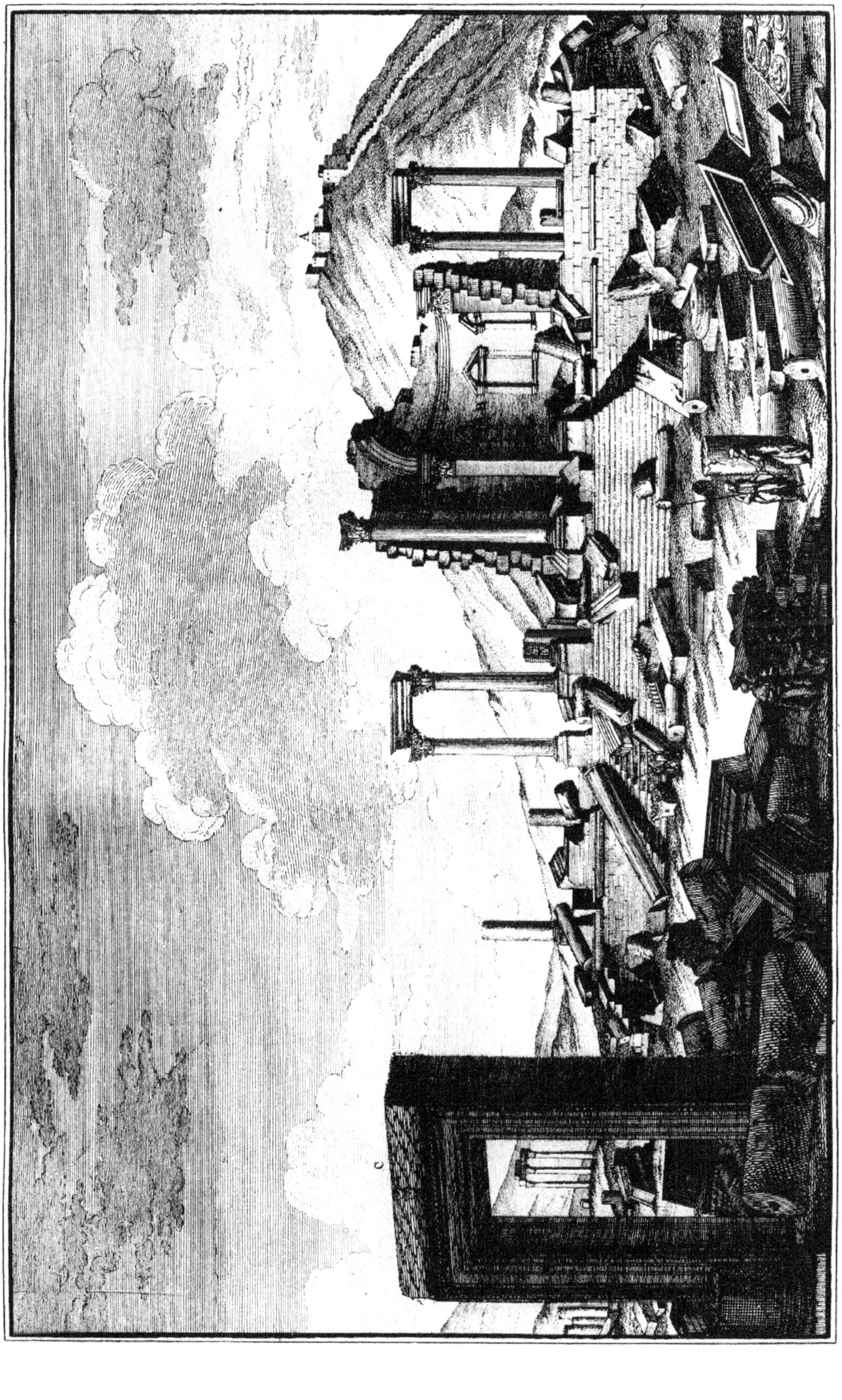

Pl. 55.

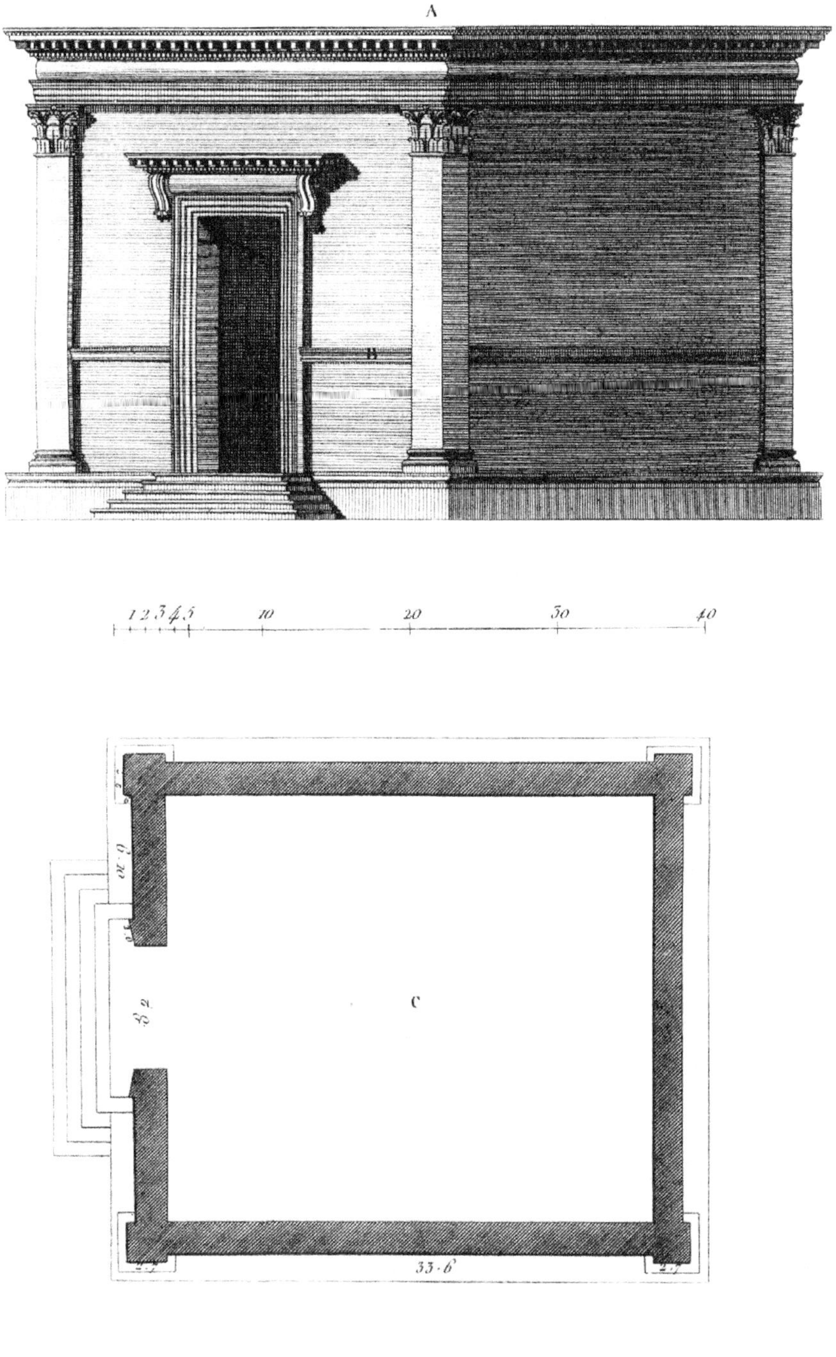

Pl. 54.

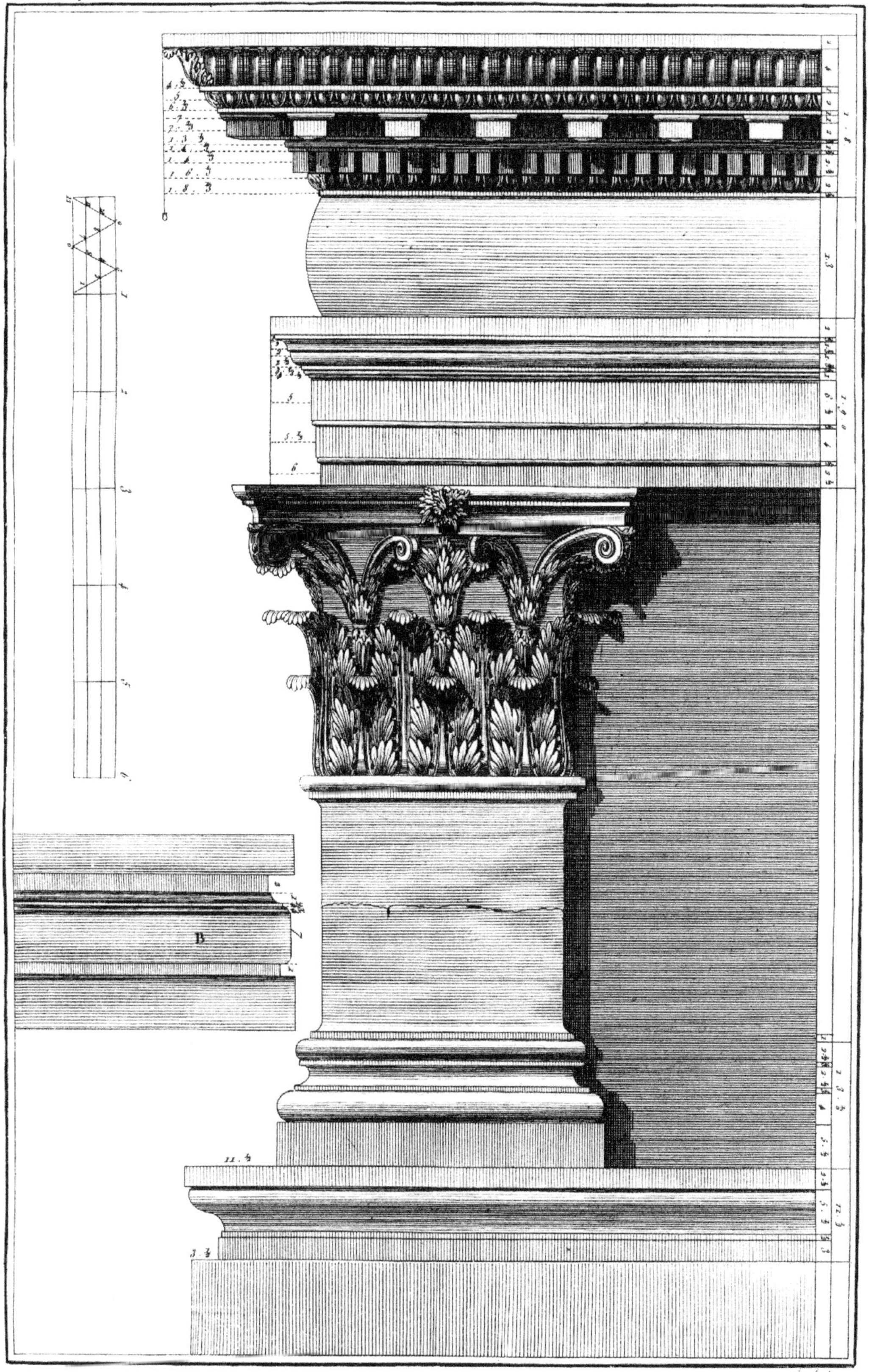

helüis

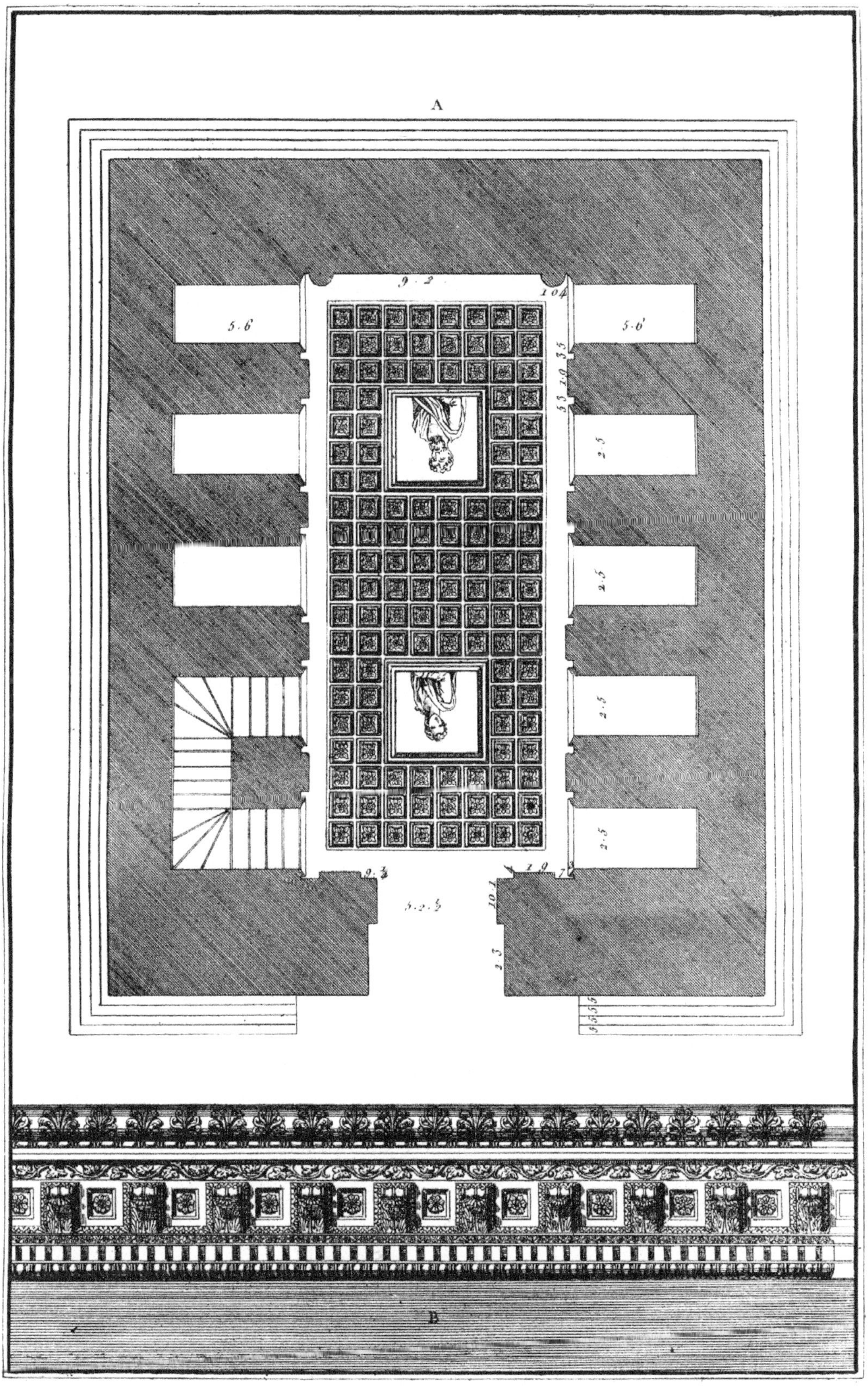
A
9·2
5·6
5·6
2·5
2·5
2·5
2·5
5·2·½
B

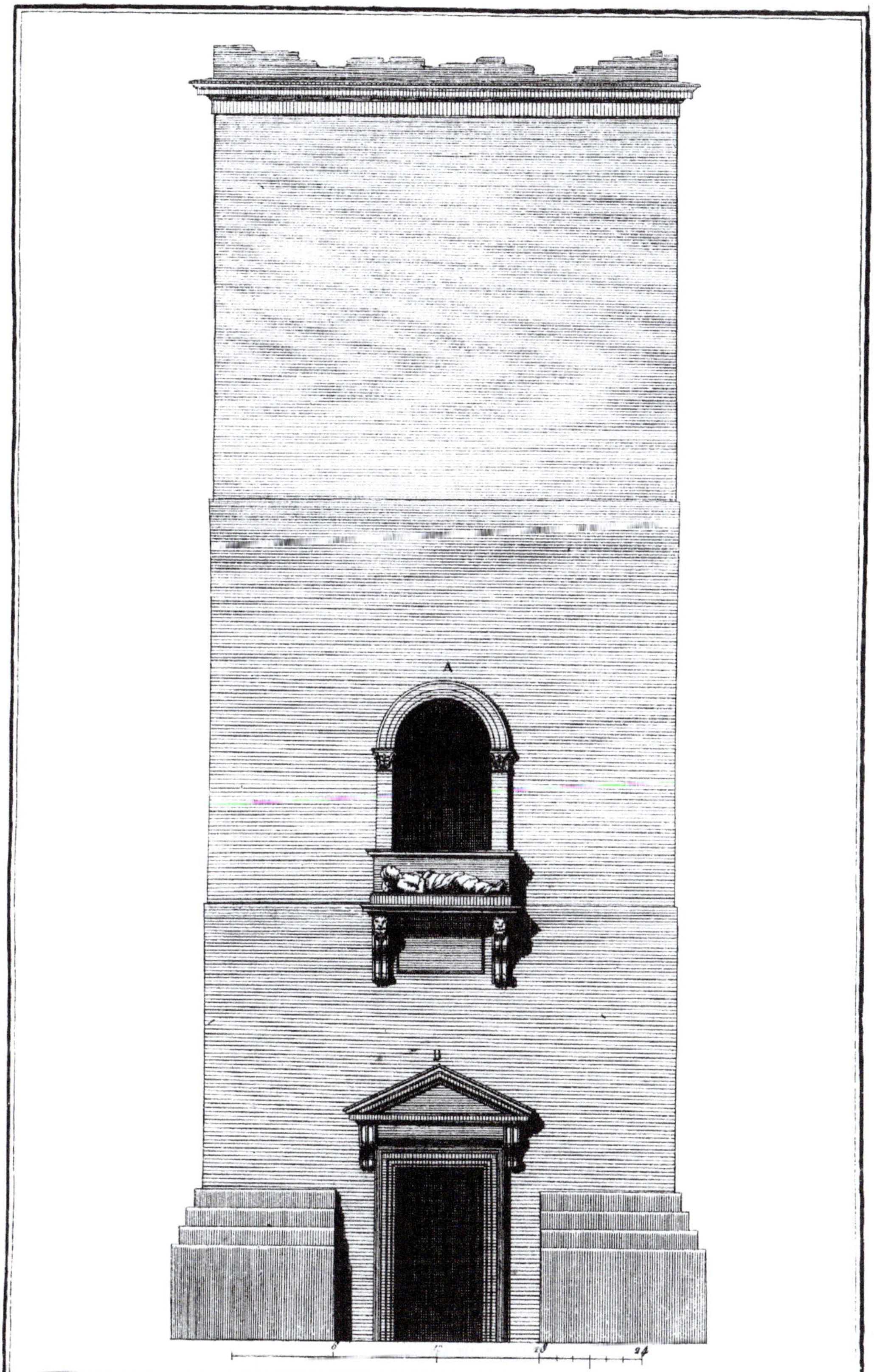
A
B
6
12
18
24

Pl. 57.

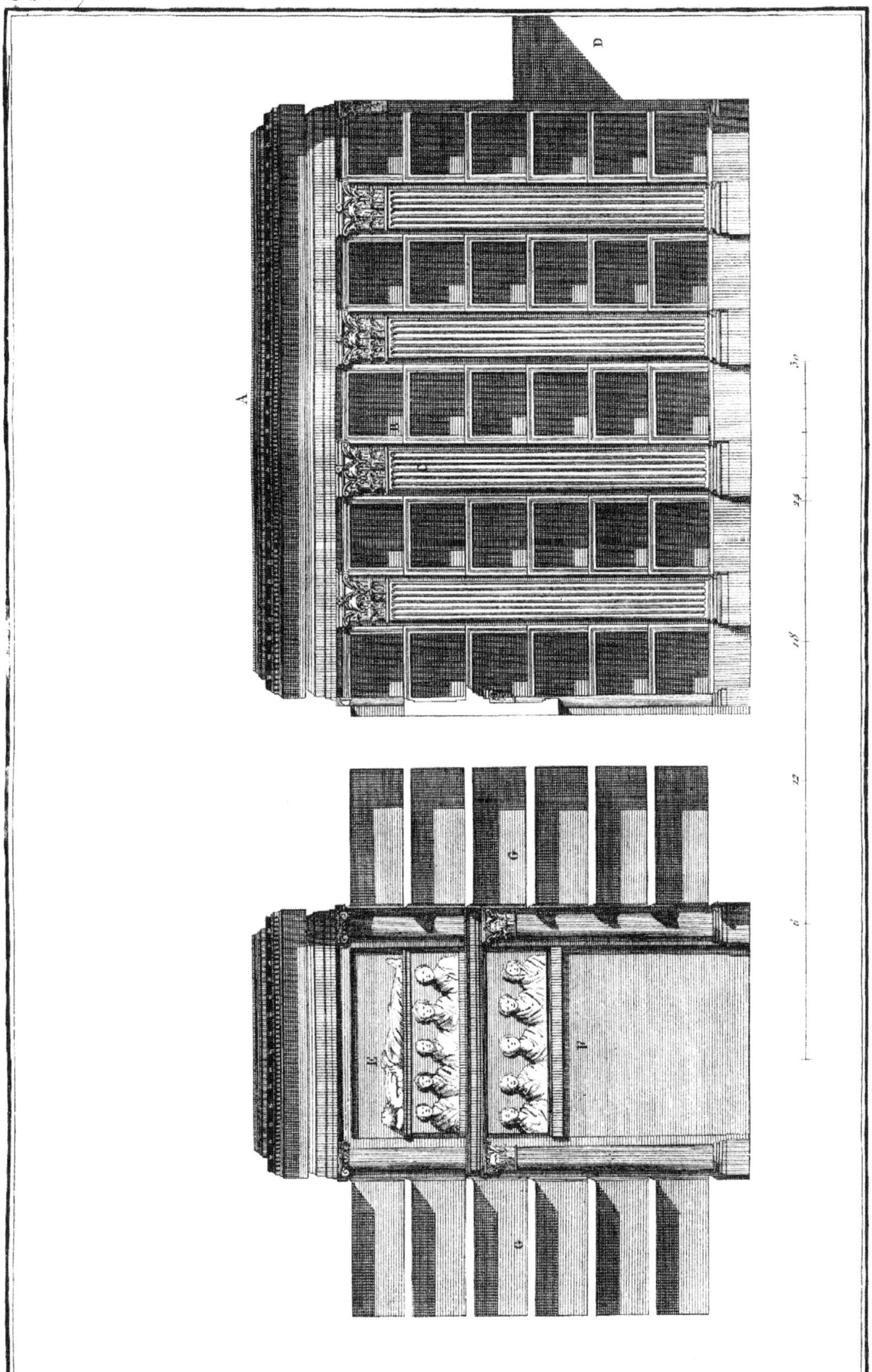